Roland Reuß · Ende der Hypnose

Roland Reuß

Ende der Hypnose

Vom Netz und zum Buch

Stroemfeld

ISBN 978-3-86600-141-1

Bibliografische Information der Deutschen Nationalbibliothek
Die Deutsche Nationalbibliothek verzeichnet diese Publikation
In der Deutschen Nationalbibliografie;
Detaillierte bibliografische Angaben sind im Internet über
http://dnb.ddb.de abrufbar.

Gedruckt auf säurefreiem, alterungsbeständigen Papier
Entsprechend DIN ISO 9706.

Satz: Roland Reuß

Umschlag: Michel Leiner & Roland Reuß

Printed in Germany

Druck und Bindung: Freiburger Graphische Betriebe

Bitte fordern Sie die kostenlose Programminformation an:
Stroemfeld Verlag
D-60322 Frankfurt am Main, Holzhausenstraße 4
CH-4054 Basel, Altkircherstr. 17
info@stroemfeld.de

Weitere Informationen:
www.stroemfeld.com
www.textkritik.de

Eins

1

Entzug – Ein unendliches Rauschen, ein unendlicher Haß, der Worte unendlich viel. Und dahinter Verzagtsein, Mutlosigkeit, Ohnmacht, Sprachlosigkeit. Wer sich mit der Urheber*rechts*debatte beschäftigt, die – und das mit einer gewissen Notwendigkeit – in eine *Urheber*debatte eingemündet ist, wird einen Schritt zurücktreten müssen. Dieser Schritt zurück erlaubt, den Zusammenhang besser zu vermessen, in dem der Konflikt sich entwickelt hat. Sein Horizont ist einer von *Geistlosigkeit,* dies Wort nicht einfach im Sinne eines behebbaren menschlichen Mangels verstanden, dem durch intellektuelle Anstrengung, Bildung und dergleichen abgeholfen werden könnte. Die Abwesenheit von Geist als Signatur des Zeitalters. Daß Urheberschaft in diesem weiteren Kontext problematisch erscheint, ist fast zwangsläufig. Wer erlaubt sich noch den Luxus, daran zu glauben, eigensinnige Individuen könnten etwas Neues in die Welt setzen?

Die spezifische Weise, wie Geist heute gerade noch präsent ist (indem wir spüren, daß er fehlt), ist nicht erst gestern heraufgezogen, nicht mit dem Einzug des ›Netzes‹ in die Wohnzimmer; der Entzug von Geist ist schon länger wahrnehmbar. Wer den Ausdruck »Geisteswissenschaften« als Gegenwort gegen die zunehmend alle Bereiche des Lebens einbegreifenden »Naturwissenschaften« prägte, wird davon bereits ein dunkles Bewußtsein gehabt haben.

2

To-day – Ob das ›Netz‹ oder die, die es ›betreiben‹, bestimmen werden, wie wir leben sollen, ist gar nicht die Frage. Die Vorstellung, daß das ginge (und einfach zu akzeptieren sei), ist nur die unsere ganze Wahrnehmung begleitende, sie betäubende Grundsuggestion, in deren Festigung viel Geld und Propaganda eingeflossen ist. Fernsehmacher und Medienkonzerne in den Sechzigern mögen ähnliche Phantasien gehegt haben. Sie wurden darum nicht wahrer. Und Eltern, die ihre Kinder vernünftig erziehen wollten, wußten nach einer Generation, in der sie sich dies selbst beibringen mußten, daß es nicht gut sein würde, die Zöglinge den ganzen Tag vor dem Fernsehgerät sitzen zu lassen. Ähnliches wird auch heute angesichts einer weit größeren Verlockung noch zu lernen sein. Ob wieder eine ganze Generation Zeit bleibt, ist offen. Eine Aufgabe wie die, mit dem allgegenwärtigen Zucker vernünftig umzugehen (was wegen der atavistischen Konstitution der Großhirnrinde nicht leicht ist); und vielleicht wird auch das gelingen.

Es ist allerdings erstaunlich, wie wenig begriffen ist, daß die Digitalisierung eine politische und nicht nur eine mediale Herausforderung ist. Daß das zu Beginn ihres Ausgriffs auf die Gesellschaft in den späten Achtzigern noch nicht gesehen wurde, ist das eine. Daß politische Interessenverbände, die sich – mittlerweile über das ganze Spektrum der Parteien hinweg – gerne des Schutzes von Bäumen, Walen, Mooren, der ›Atmosphäre‹ annehmen, über die eben auch katastrophalen und nicht nur segensreichen Folgen des derzeit laufenden Feldversuchs hinwegsehen, ist eine politische Bankrotterklärung.

Atomkraft und Gentechnik mit ihren Segnungen für das zwanzigste Jahrhundert (und wie hat man nicht ihre Vorteile hervorgehoben, ihre Unabdingbarkeit, ihre ›Alternativlosigkeit‹, die Unmöglichkeit ihres Rückbaus behauptet) sind auch in die Schranken gewiesen worden, nachdem man eine Menge katastrophaler Erfahrungen gesammelt hat und gezwungen war, sich ihre desaströsen Begleiterscheinungen bewußt zu machen. Das haltungs- und haltlose Paktieren mit der Technik als scheinbarer Naturmacht, der sich angeblich niemand entziehen kann, lenkt nur von dem Versagen ab, die sich aufdrängende Frage (wie wollen wir, als demokratische Gesellschaft, mit ›dem Netz‹ umgehen?) *als politische* an sich herankommen zu lassen. Das Politische vermag es, gegenüber dem ungehemmten Vordringen jeder totalitären Technik eine Grenze zu ziehen. Die Frage ist, ob es hierfür auf absehbare Zeit einen günstigen Augenblick, einen *καιρός* gibt (das haben wir nicht in der Hand) – und ob wir das wirklich wollen (das schon).

a

Man kann sich fragen, ob wir in unserer aktuellen Weltwahrnehmung nicht Opfer einer perspektivischen Täuschung sind. Wir leben ›mit dem Netz‹, mit den Statistiken, den Bürokratien, einer Technik, die uns, wenn wir nicht aufpassen, über den Kopf wächst – und stellen überrascht fest, daß etwas fehlt. Zusammenhang, Intensität, Zukunft. ›Vom Geist her‹ – wenn man diese Perspektive als regulative Idee im Kantischen Sinn für einen Moment zuläßt – zeigt sich die Physiognomie unserer Gegenwart als dessen genaues Gegenbild. Eine perfekte Verklumpung von Digitaltechnologie, Bürokratie, Kontrollbedürfnis und subjektiver Totalverblendung, auf die die Neuzeit insgesamt als auf ihre ›Wahrheit‹ hin programmiert scheint. Im Schmerz, der aus dieser Wahrnehmung resultiert, spiegelt sich ex negativo *etwas, auf das hin zu leben es wert wäre. Seien wir also froh, daß uns noch nicht alles ›egal‹ ist, die Apathie noch nicht alles durchdrungen hat.*

3

Lachende Sonne – Der dumme, mit politischer Resignation und Zynismus paktierende Spruch, man könne ›das Netz‹ nicht abschalten, erinnert mich an den nicht minder dummen, man bekäme seinen Strom aus der Steckdose, nicht aus Atomkraftwerken. Beides sind Nullsätze, weil sie der Frage des politischen Umgangs, der Frage nach der Einhegung des Schädlichen an Technik, *der* Kulturfrage par excellence, mit Absicht ausweichen. ›Natur‹-Schutz selbst ist ein alteuropäisches Konzept, das einer bestimmten Kultur, nicht zuletzt einer des Buches, entsprungen ist, nicht umgekehrt; und es wird Zeit, daß die Naturschützer dieses blinden Flecks ihrer Selbstwahrnehmung innewerden und sich die Frage stellen, ob es eigentlich klug ist, sich von diesem Ursprung so weit zu entfernen, wie das derzeit der Fall ist. Auf deren höchstem Perspektivpunkt, wenn er denn endlich erklommen würde, erschienen Monsanto™, Vattenfall™, Tepco™, Google™, Apple™, Microsoft™, Amazon™ äquidistant – sehr, sehr weit entfernt vom wahren, Aristoteles würde sagen: vom guten Leben. Die Strategien des Abhängigmachens gleichen sich. Genmanipulierter Weizen & atomic powersupply & perforierte Aufmerksamkeit: leicht manipulierbares ›Menschenmaterial‹, das meint, ›seine‹ Bedürfnisse zu befriedigen, wo diese Bedürfnisse nichts anderes sind als die ersten präfabrizierten Produkte der ausgreifenden Monopolisten.

4

Weißes Album – Je linker sich heute eine Partei gibt, umso weniger scheint sie diesem Zusammenhang Aufmerksamkeit zu schenken. Wer schutzlos ›dem Netz‹ ausgeliefert ist, dürfte bereits Schwierigkeiten damit haben, dem Diskussionsverlauf des Artikels »Marx« in Wikipedia zu folgen. Da nützt es wenig, wenn überall »Das Kapital« ›kostenlos‹ online ›steht‹. Um es zu studieren, zu begreifen, wären andere Fähigkeiten nötig, als die gegenwärtig trainierten. Gespeichert auf dem volume oder in ›der Wolke‹ bleibt es begrifflos, ohne *ὅρος*, unverstanden-unverständlich wie das 1968 aufgenommene delirante number 9.

5

Habsucht – Die Aristotelische »Politik« beginnt mit der nüchternen Analyse einiger unangenehmer anthropologischer Konstanten. Zum Befund zählt, daß die Menschen »mit ihrem ganzen Eifer dem *bloßen* Leben« dienen, aber, von einzelnen Ausnahmen abgesehen, »nicht dem *vollkommenen*«. Und da ihr »Lebenshunger keine Begrenzung kennt«, so Aristoteles weiter, »sucht man auch die Mittel, die dazu verhelfen, ihn zu stillen, ohne jede Grenze«. Man funktionalisiert schlechterdings alles (Aristoteles nennt die Feldherrenkunst, vulgo: den Krieg, aber auch die Medizin), um die materielle Gier befriedigen zu können. Und obwohl etwa Aufgabe der Tapferkeit sei, *Mut* zu machen, nicht *Geld*, werde auch sie noch in den Dienst unstillbarer Habsucht genommen. Die von der Gier Gezeichneten »machen alle diese Künste zu Mitteln, Gewinn zu erzielen, als sei das das Ziel und auf das Ziel müsse alles ausgerichtet werden.« Soweit die Konstante. Für die von ihr vollständig Bestimmten – sie sind gesichtslos, haben geschorene Glatzen – hat Dante im vierten Kreis der Hölle ein angemessenes Plätzchen reserviert.

Schwer zu übersehen, daß diese immer schon existente Struktur der avaritia (niemals, niemals genug zu bekommen) zunächst durch Telefon, Fernsehen, erst recht aber nun durch die digitalen Medien potenziert wird. Die weltweite, besinnungslos sich vollziehende Beschleunigung, die an den Börsenverläufen so gut ablesbar ist, gehört in die alles in ihre zerstörende Bewegung hineinziehende Dynamik der Gier. Ihr Exzeß ist durch das ›Netz‹ reflexiv geworden, und zwar weit über das von Aristoteles benannte Unmaß (Geld aus Geld, *νόμισμα ἐκ νομίσματος*) hinaus. Man verdient sich dumm und dämlich an virtuellen ›Werten‹, diesmal allerdings – und das ist ein bedeutsamer Schritt – wirklich ohne jegliches ›reale‹ Korrelat. Virtueller Immobilienhandel in realen mobilen Netzen, les extrêmes se touchent.

Diejenigen, die immer so gerne die freiheitsfördernde Wirkung der Kanäle betonen (als ob in Tripolis, in Kairo, in Peking oder wo auch immer, eine Revolution ohne Körper, *wirkliche Körper an wirklichen Plätzen,* stattfinden könnte), übersehen die dunkle Seite der Herrschaft von Nullen und Einsen: die (selbst-)zerstörerische Wirkung im Wirbel der Gier und die Perfektionierung der Kontrolle. Man kann über Twitter™ und Facebook™ eben nicht nur schneller eine Demonstration organisieren; man kann sie durch Beobachtung dieser ›Dienste‹ auch rascher und effektiver auflösen – ganz abgesehen davon, daß die möglichen Anlässe für Demonstrationen durch die Wirkungen des nicht ganz so segensreichen ›Netzes‹ zunehmen werden. Die Börsen in Asien haben heute morgen im Minus eröffnet.

6

Vogel und Prophet – Man hört oft von konformistischen Gemütern, man müsse sich halt einrichten in dem, was ist. Und ein Medium sei an sich weder gut noch schlecht, es zähle einzig der Gebrauch, den man davon mache (und natürlich, aber das wird meist verschwiegen, das Geld, das man mit ihm verdienen kann). Das ist pure Ideologie: subjektiv Denkverweigerung, objektiv Denkverbot.

Als David Sarnoff – Gründer der NBC, der größten nationalen kommerziellen Rundfunksenderkette der USA und lange Zeit Leiter von RCA (der Radio Corporation of America) und an der Einführung des Farbfernsehens in den USA maßgeblich beteiligt – das einlullende Schlaflied von der Neutralität des Mediums wieder einmal publikumswirksam vortrug, nahm Marshall McLuhan an ihm präzise die »Stimme des üblichen Somnabulismus« wahr. »Suppose we were to say, ›Apple pie is in itself neither good nor bad; it is the way it is used that determines its value.‹ Or, ›The smallpox virus is in itself neither good nor bad; it is the way it is used that determines its value.‹ Again, ›Firearms are in themselves neither good nor bad; it is the way they are used that determines their value.‹ That is, if the slugs reach the right people firearms are good. If the TV tube fires the right ammunition at the right people it is good. I am not being perverse. There is simply nothing in the Sarnoff statement that will bear scrutiny, for it ignores the nature of the medium, of any and all media, in the true Narcissus style of one hypnotized by the amputation and extension of his own being in a new technical form.« Narzißtische Selbsthypnose, das trifft es auch im Falle des ›Netzes‹ gut.

7

Die Schule der Welt – Jenseits der Grundausrichtung auf unmittelbaren Nutzen und Annehmlichkeiten gibt es noch etwas anderes, wovon Aristoteles – der Leser (ἀναγνώστης), wie ihn Platon genannt haben soll – im ersten Buch der unter dem Namen »Metaphysik« versammelten Schriften behauptet, es könne sich nur dort entfalten, wo man Muße (σχολή) habe: das freie Nachdenken über Prinzipien, Ursachen und Gründe, die Philosophie. Das wird von einigen bis heute so gelesen, als behaupte Aristoteles: man könne sich erst dann den Luxus intensiven Nachdenkens leisten, wenn alle materiellen Bedürfnisse befriedigt seien. Diese Auslegung ist indes nichts anderes als Reflexionsprävention, der Versuch, das ganze System gegenüber Nachfragen zu immunisieren.

Schon Hegel hat die philiströse Lesart des Aristotelischen Gedankens in der zweiten Vorrede zur »Wissenschaft der Logik« (1831) zurückgewiesen und im Anschluß an die Aristotelische Bemerkung in einer fremdartig rekursiven Formulierung das »Bedürfnis des schon befriedigten Bedürfnisses der Notwendigkeit, der Bedürfnislosigkeit«, als Voraussetzung wahrhaft freien Nachdenkens genannt. Dieses Bedürfnis der Bedürfnislosigkeit ist aber, solange sich Menschen von Automaten unterscheiden, immer schon am Werk, auch und vielleicht vor allem in Zeiten materieller Not. Arbeit, Beschäftigung (negotium), ist zwar das Gegenteil von otium (Muße), aber auch wer arbeitet, verlangt nach jenen »stillen Räumen des zu sich selbst gekommenen und nur in sich seienden Denkens«, in denen »die Interessen, welche das Leben der Völker und der Individuen bewegen«, schweigen. Das ist, bei aller Problematik der Emphase, eine sehr präzise Beschreibung der Distanz, die notwendig ist, um den Kopf einmal zu befreien aus dem Gewebe der Vernutzung und den geheimen, stillwirkenden Imperativen der interest rates.

Es wird allerdings zunehmend schwerer, diese Muße zu finden. Das Geklingel von Handys, überall kontextlose Stimmen, die Hektik des alles menschenwürdige Maß sprengenden e-mail-Verkehrs, die Verlokkungen des Bildschirms: der reine Stress, immer ›präsent‹ sein zu müssen – all das verdient, als Anschlag auf die Fähigkeit, in Ruhe nachdenken zu können, begriffen zu werden. Wer dahinter nicht auch eine Einwirkung von Industrie und Interessenpolitik wahrnimmt, muß blind und taub sein. Die Möglichkeit, das Ganze noch in Frage stellen zu können, soll eliminiert werden. »Findet euch damit ab, eine fragmentarisierte, eine atomisierte Existenz zu führen«, lautet der Generalbaß der medialen Dauerbeschallung; Entmutigung und Erschöpfung der Abwehr das strategische Fernziel. Der Mensch, das Wild, wird, bei lebendigem Leib bereits, zerlegt. Die Geduld ist gleich mit vor die Hunde gegangen.

8

Zur Meteorologie – Der Wind weht, wo er will. Das ist eine gute und eine schlechte Nachricht, die Nikodemus damals von Jesus mit auf den Weg bekam (Joh 3,8). Schlecht, weil die Absenz von Geist, die Existenz einer spirituellen Wüste, als etwas ausgesprochen wird, was man, auch bei bestem Willen, nicht ändern kann: Geist ist unverfügbar. Gut aber, weil sie hilft, auch Zeiten zu überstehen, in denen die Barbarei der Oberflächlichkeit, die Oberflächlichkeit der Barbarei, überhand nehmen.

Irgendwann wird der Wind sich auch wieder drehen: Das war das Bewußtsein der zwischen dem siebten und achten Jahrhundert auf ihrer Insel auch buchstäblich isolierten irischen Mönche, die alles aufhoben, was von antiker Bildung nach der sogenannten Völkerwanderung übriggeblieben war – sie glaubten an etwas, hatten Mut und Geduld, nicht Macht, noch Geld. Hätte ihnen jemand eingeflüstert, daß es mit der Bildung nie mehr werden würde wie einst, in den alten Zeiten, *in der Antike,* hätten sie sich um diese propaganda antifidei nicht geschert. Sie schrieben – auf eine für sie allerdings durchaus nicht ungewisse Zukunft hin – Texte ab, die sie bei diesem Abschreiben erst zu verstehen lernten. Beim Übertragen der ihnen vorliegenden lateinischen Texte, die in scriptio continua, also ohne Wortzwischenraum, überliefert waren, erfanden sie *das Wort.* Für-sich-lesen-können, ja Lesen überhaupt, wurde unendlich erleichtert. Im Absetzen der Feder, im Drücken der Leertaste, in einem Sprung, ist das alles gegenwärtig. An solchen Revolutionen sollte sich orientieren, wer gegenwärtig einen Halt, eine Haltung sucht. In Zeiten der Isolation, der Verwüstung, Vorarbeiten für eine Renaissance.

β

Pfingstsonntag, 27. Mai 2012, 8:05, Nachrichten: »im Sendegebiet überall Sonnenschein, wolkenloser Himmel, 18 bis 27 Grad«. Ich gehe auf den Balkon, friere, kein einziger Flecken Blau am Himmel. Beruhigend zu wissen, woran Naturbeherrschung nach wie vor ihre Grenze findet. Das Wetter entzieht sich wie der Tod, an den Stimmungen arbeitet freilich die Pharmakologie. »Der Wind weht, wo er will, und du hörst seine Stimme, aber du weißt nicht, woher er kommt und wohin er geht; so ist jeder, der aus dem Geist geboren.«

γ

In der S-Bahn Werbung für den Katholikentag 2012 in Mannheim. Man stellt sich vor, ›die Jugend‹ irgendwo, wo sie sich nach Meinung der Kirchenoberen gerade befindet, ›abholen‹ zu müssen; man plakatiert, versucht es auf ›stylish‹, *will* ›sexy‹ *sein, mietet einen* URL: *www.like-katholikentag.de. Geistverlassenheit* ›unplugged‹. *Nicht nur, daß man überhaupt meint, sich auf kindische Facebook™*-buttons *beziehen zu müssen; diese Anbiederung an die allgegenwärtige Infantilisierung wird noch überboten durch die ganz offensichtliche Bewußtlosigkeit, fehlenden Humor: www.katho-like-ntag.de, das wäre immerhin, trotz Anbiederung, noch witzig gewesen, hätte einen Hauch, einen Anhauch von* esprit *gehabt.*

In Wahrheit glauben sie selbst nicht mehr daran, daß sie haben, wonach alle suchen. Sie sehen es nicht einmal mehr, in dem, was sie schreiben. Daß Spiritualität vielleicht per se *attraktiv, authentisch attraktiv sein könnte, ist völlig aus dem Blick geraten. An Stelle dieser Selbstverständlichkeit das Schielen auf die Menge, die Verheißung vieler* hits. *Religion und Statistik: Der reine Masochismus.*

9

Abgeholt – Die gerade im Kulturbereich so verbreitete Phrase, man müsse Leute ›dort abholen, wo sie sind‹, ist im Kern zynisch. Sie setzt die Dumpf- und Dummheit der Abzuholenden voraus – und bei den Abholenden als Haltung die Simulation von Großzügigkeit, der Sache nach Herablassung. Versaut ist mit dieser Übung aber jede respektvolle Haltung gegenüber dem Anspruch, den ein neuer Gedanke, ein anspruchsvoller intellektueller Zusammenhang von sich aus aufrichtet. Jemanden dort ›abholen‹, wo er sich befindet, heißt Senkung dieses Anspruchs.

Wen wollte Einstein 1905 mit »Ist die Trägheit eines Körpers von seinem Energieinhalt abhängig?« ›abholen‹, und wo? Und wen und wo James Joyce zwanzig Jahre später mit »Ulysses«, von »Finnegans Wake« ganz zu schweigen? Sie sprachen *zur und von der Sache.*

Einen neuen Leser von Hölderlins »Patmos« heute dort abholen zu wollen, wo er sich befindet – da bliebe von Hölderlins vielleicht größtem Gedicht nicht mehr viel übrig, zu wenig kann vorausgesetzt werden (nicht einmal mehr eine gelesene Bibel). Die Spannung von Anspruch und Wirklichkeit ist erst einmal auszuhalten, nicht durch Senkung des Niveaus aufzulösen. Nichts ist peinlicher als Erwachsene, die im Umgang mit Kleinkindern meinen, deren Manieren annehmen zu müssen.

10

Im Gegenzug – Unterschätzt wird die auch in ihrer anfänglichen Unverstandenheit schon manifeste Selbstevidenz der zu vermittelnden Sache (wenn diese denn tatsächlich bedeutsam ist). Es reicht ein einziger Mensch, der, von ihr überzeugt, bereit ist, für diese Sache einzutreten, und man wird auf Dauer niemanden mehr ›abholen‹ müssen. Sie selbst *motiviert*, bewegt. Und die, die sich interessieren, kommen dann, wenn sie sich nur ohne Angst vor dem Einbekenntnis ihres aktuellen Unwissens öffnen können, von selbst. Alle Menschen streben von Natur aus nach Wissen (*Πάντες ἄνθροποι τοῦ εἰδέναι ὀρέγονται φύσει*), lautet der erste Satz der Aristotelischen »Metaphysik«. Liebe, *ἀγάπη*, nicht gleich *ἔρως*, ist im Spiel, das sagt der zweite.

Etwas noch nicht zu wissen, etwas noch nicht zu können, ist ja kein schlechter Anfang. Man muß nur aus dem ›Noch nicht‹ die Verheißung heraushören. Das Spüren der Differenz ist durchaus eine positive Erfahrung, selbst wenn sie den menschlichen Narzißmus kränkt. Nichts, was nicht sein soll. Was zu dieser anfänglichen Erfahrung von Negativität hinzutreten muß, ist Geduld und, ja, Liebe zum Fremden, noch nicht Integrierten und vielleicht niemals vollständig zu Integrierenden. Das Sich-Aufhalten an der eigenen inneren Grenze und ihr kontinuierliches Überschreiten: eigentliche Leistung von ›Kultur‹.

11

Menschliche Schwächen – Der verlogenste Ort im ›Netz‹ (und es gibt viele verlogene Orte dort), zugleich das Geheimnis des Erfolgs von Google™, ist die Startseite der Maschine. Was immer die Firma seit ihrem Auftauchen im ›Netz‹ geändert hat – die Seite, durch die man ihre domain betritt, blieb werbefrei. Wenn man bedenkt, daß der gesamte Profit des Unternehmens durch Werbeeinnahmen erzeugt wird, liegt die objektive Verlogenheit für jeden klugen Menschen offen zutage. Firmen, die mit der Herstellung von materiellen Gegenständen Geld verdienen, achten peinlich genau darauf, daß die Assoziationen von potentiellen Kunden, die auf ihre website kommen, von Anfang an auf die Produkte (ein-)stimmen, die sie liefern können. Daß Google™ die größte Werbeagentur der Welt ist, soll dagegen niemand merken. ›Gemeinnütziger Dienstleister‹ wird als Deckassoziation einprogrammiert, als sei die Firma ein Schwesterunternehmen des Internationalen Roten Kreuzes. Lupenreine Harmlosigkeit tritt einem beim Durchgang durch dieses Tor entgegen, behauptet wird: Auf keinen Fall die Hoffnung fahren lassen, kostenloses ›Wissen‹ ist nah. Die kulturverheerenden Bilanzen werden freilich ganz woanders erstellt.

Wie jeder ›Dienst‹, der den Menschen dadurch korrumpiert, daß er sich ihm scheinbar unterwirft und den Diener macht, beutet die Firma eine menschliche Schwäche aus: möglichst bequem und möglichst umsonst die Neugier, das Wissensbedürfnis gestillt zu bekommen – und natürlich, ›interaktiv‹, auch eine zweite: die menschliche Eitelkeit. Man will ja schließlich ›sichtbar‹ sein und glaubt nur allzugern die Parole, wer nicht ›im Netz‹ auffindbar sei, existiere nicht. Zu all den Spuren, die man in der Domäne der Firma hinterläßt, liefert Google™ bereitwillig die Kontexte und vermarktet sie systematisch. Wer sich einmal in Google Earth™ oder auf Google Maps™ die Einträge anzeigen läßt, die als Annoncen erscheinen (Hotels, Handwerksfirmen, Industrieunternehmen, Anwaltskanzleien etc.), kriegt einen sehr guten Eindruck davon, was weltumspannendes advertising ist. Und davon, daß sich hier ein Monopol gebildet hat.

12

Schwanz und Hund – Pervers ist (nimmt man noch Facebook™ hinzu, das auf ähnliche Weise ›Geld macht‹), daß mittlerweile gerade die Werbeindustrie (»the advertising business, designed, as it seems, on this loveliest principle of doing nothing that will be perilously productive«, Ruskin) den global fortgeschrittenen Spätkapitalismus dominiert. Nicht nur an Börsen und Banken (die in Wahrheit auch nur noch große Werbeunternehmen sind) ist zu studieren, wie weit sich der Bereich, in dem Geld verdient wird, von der Sphäre der realen Produktion entfernt hat, die gleichwohl immer nötig bleibt. Da gleichzeitig die Dominanz der auf den Produkten parasitär aufsitzenden Werbung die Qualität, manchmal sogar die Existenzmöglichkeit ebendieser Produkte, immer weiter untergräbt, ist die Krise auch dieser gigantischen Inversion schon vorgezeichnet.

Ich erinnere mich noch gut an den Effekt, den es hatte, als auch die seriöseren Photographiezeitschriften dazu übergingen, sich hauptsächlich über Werbung zu finanzieren. Die Tests noch des schlechtesten Kameramodells fielen immer zwischen sehr gut und gut aus. Am Ende wurden nicht nur die Artikel schlechter (die Wahrheit konnte man ja nicht mehr schreiben). Durch die abhängigkeitsbedingte Unterdrückung konstruktiver Kritik wurde faktisch auch die Produktion besserer Kameras behindert.

Wer Firmen wie Google™ oder Facebook™ ›gut‹ findet, hat den korrumpierenden Primat allesunterjochender Werbung mit allen seinen gruseligen Nebeneffekten schon akzeptiert; für das Projekt einer Reform von Gesellschaft im Spätkapitalismus scheidet er damit aus.

13

GPS – Im Ernstfall, einem Anschlag oder Krieg – man täusche sich nicht – würde Google™ seine Datenmengen zur Auswertung natürlich auch der CIA überlassen. Zwar haben die Europäer die amerikanische Dominanz bei der Satellitenortungstechnik mit einer eigenen Initiative beantwortet, die sie im Konfliktfall unabhängig von amerikanischen Informationen machen soll. Das Quasi-Monopol der amerikanischen Suchmaschine indes hat die Politik noch nicht als strategisches Problem begriffen.

Sinnvoller als die Investition in eine (ohnedies nicht) selbständige Ortungstechnik wäre, die öffentliche Hand baute eine Google™-Alternative auf, die bei Eingriffen in die Privatsphäre parlamentarischer Kontrolle unterläge. Im Augenblick weiß ich alle meine Recherchen in einem Serververbund auf der ganzen Welt gespeichert, der sich mir nur als kommerziell beliebig ausbeutbarer Datenabgrund darstellt. Ohne jegliche Möglichkeit der Einsichtnahme oder Interventionsmöglichkeit bei Mißbrauch. Die Phantasielosigkeit der politischen Parteien in dieser Frage ist erschreckend.

14

Nadir – Der absolute Tiefpunkt wäre allerdings erst erreicht, wenn die Startseite von Google™ ihre subjektive Verlogenheit hinter sich ließe und selbst explizit Werbung schaltete – statt sich mit dem Schein von Werbelosigkeit zu tarnen. Dann wäre die Lüge wahrhaftig und objektiv zur Weltordnung geworden, es wäre nichts mehr zu verbergen, jegliche Scham verschwunden: die nackte Wahrheit über die nackte Werbung.

Wir sind indes noch nicht ganz so weit. Es gibt noch ein – auch bei dieser Firma anzutreffendes – Restbewußtsein vom Anrüchigen eines ›Geschäftsmodells‹, das auf universal gesteuerten Konsum hinausläuft. Und vielleicht kommt bald schon ein Wind auf, der diese große stinkende Blähung von Narzißmus und Verlogenheit endlich wegweht. Eine frische Brise aus Ostost, Westwest, Utopia, wer weiß.

15

Ampeln – Auch die Gesichter vertrügen eine Aufhellung. Wer sich mit offenen Augen durch die Stadt bewegt, schaue sich die Physiognomie der Fußgänger an, wenn sie, unbeobachtet, an einer Ampel warten. Menschlicher Klartext. Die allgemeine Depression ist erschreckend.

16

Beobachtung – Eric Gill 1911: die Maschinen werden immer perfekter, polierter, die Produkte dagegen immer schlechter: »such a supply of cheap and ill-made goods that good materials and good workmanship are now only to be found in the machines themselves, and not always there.« Ein i-pad™ und was sich in ihm spiegelt, etwa ein Google-ebook™.

17

Sphragis – Gegenentwurf: Immer und immer wieder lesen, multum, non multa, das aber intensiv. »Fähigkeit der einsamen Schule für die Welt. Das Unschuldige des reinen Wissens als die Seele der Klugheit. Denn Klugheit ist die Kunst, unter verschiedenen Umständen getreu zu bleiben, das Wissen die Kunst, bei positiven Irrtümern im Verstande sicher zu seyn. Ist intensiv der Verstand geübt, so erhält er seine Kraft auch im Zerstreuten; sofern er an der eigenen geschliffenen Schärfe das Fremde leicht erkennt, deswegen nicht leicht irre wird in ungewissen Situationen.« Hölderlin 1804, Kommentar zu einem nur fragmentarisch überlieferten Textsplitter Pindars.

Zwei

1

Markenstrich – Früh schon lernen Kinder, Jugendliche, heute, sich selbst zu ›bewerben‹. Nun gab es schon immer Rollenspiele, und diese sind für die Entwicklung der Kinder sogar, man weiß das, wichtig. Aber heute sind es nicht Rollen, in die die kids schlüpfen: Sie präsentieren sich – ein qualitativer Sprung – *als weltweit ›sichtbare‹ Marken* (und Marken sind ihrem Begriff nach immer käuflich).

Ein einfacher Facebook™-account gibt bereits hinreichend Gelegenheit dazu, ein solches künstliches Bild von sich zu entwerfen, eine erste marktförmige Abspaltung von sich vorzunehmen. Man übt sich kollektiv in der Kunst, sich als Produkt ›zu verkaufen‹, präsentiert sich so, wie man gerne hätte, daß andere einen sehen. Man bietet sich als Sache an, will, daß andere, ›die Freunde‹, einem das: *sich selbst als ›im Netz‹ eingetragene Handelsmarke* abkaufen. Die Pornographie ist hier schon vorgezeichnet.

Das resultierende Rumpfsubjekt hat so durch und durch Warenform, und ist dabei zugleich so lemminghaft glücklich, sich als Marke endlich präsentieren zu können, daß man von einer pathologischen Erscheinung sprechen muß. Wenn für den Bereich, in dem sich das alles abspielt, der niedliche Markenname ›soziale Netzwerke‹ eingeführt wurde (und dies offenbar erfolgreich), so zeigt das nur, was für korrumpierte Vorstellungen Gesellschaften von sich selbst entwickeln können – und welchen Grad die kollektive Bewußtlosigkeit mittlerweile angenommen hat.

2

De nobis ipsis silemus – Kinder wissen wahrscheinlich nicht, was sie da tun. Intellektuellen an Hochschulen kann diese Entschuldigung aber kaum eingeräumt werden. Die Fallhöhe des Geistes ist hier am größten, weil man gerade von ihnen – zumal wenn sie verbeamtet sind und Marktzwängen aus Prinzip und guten Gründen nicht folgen müssen – erwarten könnte, daß sie sich einer Struktur, die sie zwingt, sich zum Ding zu machen und sich dann als solches anzupreisen, nicht willig einfügen. Statt dessen gibt es keinen öffentlichen Sektor, in dem die Forderung nach Selbstanpreisung so imperial und zugleich so quälend peinlich durchgesetzt wurde. Die ›unternehmerische Hochschule‹ hat Betriebswirtschaftslehre (»a Lie, wholly and to the very root«, Ruskin) ›flächendeckend‹ zur Leitwissenschaft gemacht und angewandtes marketing gehört ihr zum studium generale. Verlangt wird im Grunde das vollständige sacrificium intellectus, bedingungslose Unterwerfung unter die ›Marktgesetze‹, und für Ohren, die sich einen Rest von Sensibilität bewahrt haben, wahrhaft unerträgliches Dauerselbstlob.

Man lese nur die persönlichen websites von Universitätsdozenten mit ihren unangenehmen Selbstlaudaturen; man beobachte, wie es allüberall erwartet, ja verlangt wird, seinen Forschungsgruppen (völlig unabhängig von ihrer realen Bedeutung) den Namen von ›Kompetenzzentren‹ anzuheften (als sei Kompetenz etwas, was man für sich selbst behaupten könne, nicht, was andere einem zuschreiben); man lese einen x-beliebigen Antrag bei Drittmittelgebern mit seinen abgedroschenen Phrasen, vollmundigen Innovationsreklamationen und seinem Konformismus gegenüber modischen Fahnenwörtern, um zu sehen, wie sehr das ganze System korrumpiert worden ist. Jeder, wirklich jeder, weiß, daß all das durch und durch verlogen, falsche Werbung für ein beliebiges Produkt ist, gleichwohl macht jeder mit. Daß der Nachbar das auch tut, senkt die Schamgrenze immer weiter ins Bodenlose. Spätestens aber nach fünf Jahren verkommener Praxis dieser Art ist jede Selbstachtung verloren, der Geist des Wissenschaftlers, eigentliches Produktionsmittel jeder Universität, ist gebrochen – oder umgeschult zu dem eines Zynikers.

Die abendländische Tradition des wissenschaftlichen Ethos, gerade nicht sich selbst in den Mittelpunkt zu stellen, sondern hinter der zu erforschenden Sache zurückzutreten, wurde in Bacons berühmtem Satz aus der Vorrede zur »Instauratio magna«, dem Grundbuch der neuzeitlichen empirischen Wissenschaft, auf den entscheidenden Punkt gebracht: »Von uns selbst aber schweigen wir«. Diese Tradition ist in den letzten zwanzig Jahren ohne Not und auch ohne Skrupel verlassen worden – und das verleiht aller universitären Wissenschaft heute zirkushafte und clowneske Züge.

Dabei geht es hier noch nicht einmal um exklusives Forscherethos. Es ist nicht so lange her, da lernte man noch in Elternhaus und Schule, Eigenlob stinke. Staatliche Bildungsanstalten, die sich von so selbstverständlichen ›Standards‹ des Verhaltens verabschiedet haben, müssen sich nicht wundern, wenn ihr Bild in der Gesellschaft leidet, der Respekt vor ihnen als Institution verschwunden ist.

Dante, der sich, aus Motiven, die in seiner Biographie begründet lagen, in der »Vita Nuova« selbst kommentierte, hat dort (cap. 28) und im ersten Buch des »Convivium« alles gesagt, was zur moralischen Unmöglichkeit des Selbstlobs zu sagen ist. Daß die, die ihm widerwillig oder mit pervers-zynischer Lust frönen, in der »Divina Commedia« keinen eigenen Platz in der Hölle angewiesen bekommen, ist nur dem Umstand zu verdanken, daß Selbstlob zu seiner Zeit (noch) nicht auf der gängigen Liste schwerer Sünden anzutreffen war. Ich stelle mir sie, die zu Lebzeiten die Kunst des parlando di sè con loda perfektionierten, irgendwo im sumpfigen Übergang zwischen drittem und viertem Höllenkreis vor, ganz in der Nähe der Habgierigen – und ganz in der Nähe des Delinquenten aus Kafkas »Strafkolonie«. Ihre Strafe ist ah! perfido: Sie sind verdammt dazu, sich auf ewig ihre Antragswerbebroschürenprosa vorzulesen, wobei jedes auftauchende Fahnenwort ihnen mit einer großen Egge in den Rücken »eingeschrieben« wird (bei jeder Verwendung des Wortes »einschreiben« wird die Egge eine fette Schrift wählen, desgleichen bei »vernetzt«, »anschlußfähig«, »interdisziplinär«, »fokussieren«; bei Pidgin-Englisch wird auf Heavy-Italic umgestellt). Das »Inferno« dröhnt von ihren Schreien. Die Schreie sind, wie zu erwarten, chorhaft und nicht individuell unterscheidbar.

3

Murders must advertise – Die fugenlose Einbettung nahezu aller Bereiche kreativer Produktion in Konzepte der Vermarktung beschädigt die Auseinandersetzung mit den Gegenständen. Auch das läßt sich exemplarisch am Geschäftsgebaren der Universitäten ablesen. Wenn man einen Gutteil seiner Arbeitszeit damit verbringen muß, Gelder ›einzuwerben‹, und die Forscher dies, mehr oder weniger widerstandslos, als eigentliches Ziel ihrer Tätigkeit verstehen, verlieren konformistischere Gemüter das genaue Interesse an einer je bestimmten Sache: Sie wird beliebig, austauschbar.

Im philiströs-technokratischen Horizont der Selbstvermarktung geht zunehmend der Impuls nicht mehr vom zu Erforschenden aus, das den Forscher dazu bringt, sich intensiv und geduldig seiner Analyse zu widmen, sondern umgekehrt: Man wählt Schwerpunkte, bei denen die Wahrscheinlichkeit hoch ist, daß man für ihre Erforschung belohnt wird. Ich nenne das eine perfekte postkommunistische Wissenschaftsplanwirtschaft. Man könnte umgekehrt auch sagen: Die Vorstellung von Wissenschaft als Markt mit Angebot und Nachfrage hat sich totalisiert, Bologna trifft auf Manchester. Wer demgegenüber, eigensinnig und seinem Gegenstand verpflichtet, darauf beharrt, daß auch erforscht werden müsse, wofür noch kein oktroyierter Plan und Geldtopf bereitsteht, der bekommt von den einschlägigen Planungsstäben signalisiert, die Gesetze des Marktes noch nicht richtig verstanden zu haben. Das aber ist das Ende jeder immanenten Forschungslogik – à la longue indes nicht nur wissenschaftskulturell, sondern (die klügeren Ökonomen wissen das) auch volkswirtschaftlich verheerend. Aber anscheinend muß der große Universitätsbus erst gegen die Wand gefahren werden, bevor diese Einsicht Konsequenzen hat.

4

Lob der ›Werbung‹ – Wenn große Greuel verübt, schlimme Praktiken eingeführt werden sollen, wählt der Deutsche zur camouflage seit geraumer Zeit gerne das Englische. Das verleiht noch den problematischsten Aktionen und Einrichtungen ein stylishes, fashionables Aussehen. Arbeitsämter werden über den Zwischenschritt von ›Agenturen‹ schließlich zu ›Jobcentern‹. Niemand soll merken, daß Arbeit im herkömmlichen Sinn (die noch etwas mit ›Beruf‹ und ›Berufung‹ zu tun hatte) gar nicht mehr vermittelt werden kann. Öffentliche Einrichtungen wie große Bibliotheken, Universitäten, Stadtverwaltungen haben marketing-departments, als wäre völlig in Vergessenheit geraten, wofür diese Institutionen einmal eingerichtet wurden – und daß sie sich auf keinem ›Markt‹ rekapitalisieren müssen. Würde man einfach und direkt von ›Vermarktung‹ sprechen, reagierten sensiblere Geister darauf vielleicht verstört. Auf Englisch läßt sich dieses Problem elegant ›lösen‹.

Der Übergang von einer Sprache in die andere verändert das Gemeinte aber nicht nur im Sinne eines Versteckens. Häufig wird dabei auch eine andere Vorstellung etabliert. So ist dàs deutsche Wort ›Werbung‹ durchaus humaner als das englische ›advertising‹. Wer um Verständnis (früher gar um eine Braut) wirbt, weiß, daß er nichts erzwingen kann. Der Adressat von Werbung ist freier in seiner Entscheidung. Wer den anderen dagegen advertiert, greift in dessen Eigenbewegung ein und biegt sie, wider dessen Intention, also mit Gewalt, um (adversus). Not so nice.

Der angelsächsische advertising-Kapitalismus bringt durch seine Methoden die Produkte nicht zum Käufer, sondern führt umgekehrt den Käufer, der ›von Natur aus‹ möglicherweise ganz woanders hinwollte, an seiner Nase zu den Produkten. Ihm eignet von Anfang an etwas Gewaltsames. Vielleicht sind im angelsächsichen Bereich einfach immer schon die Mehrzahl der Güter schlechter gewesen, so daß man es mit ›Werbung‹ gar nicht erst versuchte. Wer außer Umgebogenen braucht im Ernst eine Coke™, einen McDonald's-Hamburger™, ein i-pad™?

5

Schiffer – Die rückgratlose Unterwerfung des Subjekts unter die Vorstellungswelt des advertising führt zu einer Immunisierung gegenüber Kritik, am offensichtlichsten gegenüber der der Sprache. Nicht daß Phrasen im Umlauf sind, ist charakteristisch (keine Zeit kam ohne sie aus), sondern daß man sich der Distanzierung von gängigen Sprachregelungen pauschal durch den Hinweis überhoben glaubt, es sei ohnedies nie so gemeint, wie es gesagt werde. Dabei schwindet jene Distanz zu den idola fori, die nötig hat, wer auf Besserung nicht nur der Sprache, sondern auch der Verhältnisse sinnt.

Ein gutes Beispiel für das mittlerweile imperiale Ausmaß des Phrasendreschens ist die allenthalben begegnende Wendung vom ›Geschäftsmodell‹, unschwer als eine Übersetzung der angelsächsischen Rede vom ›business model‹ erkennbar. So empfiehlt man angesichts der Kriminalität ›im Netz‹ allen Ernstes Dichtern, Musikern, Malern, Verlegern, ihr ›Geschäftsmodell‹ zu ändern; unterstellt wird dabei nicht nur, daß sie bereits eines haben, gar eines haben wollten – sondern vor allem, daß es beliebig sei, auf welche Weise man sein Geld verdiene.

Vergessen ist der einfache Unterschied zwischen austauschbarem Geschäft (›business‹), mit seiner mehr oder weniger alleinigen Ausrichtung am Profit, und dem, was die Tradition mit gutem Grund ›Beruf‹ nennt.

Das englische Äquivalent ›calling‹ drückt fast noch stärker das Nicht-Arbiträre als Gegenbild aus, das zu verteidigen es heute mehr denn je gilt. ›Beruf‹ ist Antwort, ein Tätigsein am je eigenen Platz. Im Wedeln mit der ›Geschäftsmodell‹-Phrase tritt ihm gegenüber ein deutliches Ressentiment, ja Aggression zutage: Als sollten die, die noch, wie rudimentär auch immer, eine Praxis in sich sinnvoller, dem Gegenstand hingegebener Arbeit haben, auf das sumpfige Niveau derer hinuntergezogen werden, deren Horizontlinie allein durch Kontostände begrenzt wird.

Unterschlagen wird zugleich, was in der Phrase vom ›Modell‹ noch alles mitschwingt. Denn daß jemand auf eine bestimmte Weise Geld verdienen will, ist an sich noch nicht ehrenrührig. Geldverdienen ist für jedes Überleben notwendig. Worauf zielt aber die Rede vom ›Modell‹? Warum sagt man nicht einfach ›business‹? Was ist das Vorbild, nach dem sich die gängigen business models modellieren?

Es ist das widerliche von Köder und Haken, ›bait‹ und ›hook‹, auf das man in der einschlägigen Literatur der amerikanischen Betriebswirtschaftler immer wieder stößt – wie alles in der Werbelehre, ein Resultat von Menschenverachtung. Rasierer und Klingen, Drucker und Tinte, Handy und Tarife, Claudia Schiffer und Chanel™, die universale cloud und Lizenzen (ein Buch, eine Platte, selbst eine CD ist dagegen ein materieller Gegenstand, den ich besitze) und so fort: Man ködert die Menschen zunächst, füttert sie an, und, hat man sie erst einmal am Haken, nimmt man sie schamlos aus. Das ist die gloriose Struktur des ›business models‹. Sein Agent ist Gangster und zugleich armes Schwein. Wer einen Beruf hat, denkt von Grund auf anders.

δ

Die einfachen Anführungszeichen – Zangen, um sich die schlimmsten Phrasen vom Hals zu halten. Erschreckend, wenn jemand etwa das Wort ›beinhalten‹ verwendet. Das Grimmsche Wörterbuch kennt 1854 nur das Substantiv »Beinhalter«. So nannte man jemanden, »der andern ein bein vorhält, stellt«. Erst die Kanzlisten der k. u. k.-Bürokratie (in solchen Dingen waren sie groß) haben Ende des 19. Jahrhunderts das neue Verb in Umlauf gebracht. In jedem möglichen Fall seiner Anwendung kann es durch ›enthalten‹ ersetzt werden – es sei denn, man will durchaus als Bürokrat wahrgenommen werden. Das nicht zu wissen, ist nicht so schlimm; es nicht zu spüren, während man das Wort gebraucht, schon.

Ähnlich geht es mir mit jenen Wörtern aus der Fremde, die nur gebraucht werden, um zu verstehen zu geben, man gehöre ›dazu‹. Als ich 12 oder 13 war, hatte ich mich an »Krieg und Frieden« gewagt und damals nicht begriffen, warum Tolstoi Personen immer wieder Französisch sprechen läßt. Ich hatte diese Passagen, da eine Übersetzung nicht beigegeben war und ich kein Französisch konnte, einfach übersprungen. Heute verstehe ich, warum Tolstoi zu diesem brachialen Mittel griff. Seine Darstellung war kritische Vorführung. Ihr Gegenstand: die Unterwerfung unter eine imperialistische Sprachpolitik, die die Leute gerade dort zum Objekt macht, wo sie denken, en vogue *zu sein und sprachlich alles ›unter Kontrolle‹ zu haben. Kritik an dieser Übung ist heute mehr denn je notwendig. Die Imperialsprache hat zwar inzwischen gewechselt, die Verlockung, sich ihrer zu Machtdemonstrationen zu bedie-*

nen, jedoch nicht. Deutsche Texte zeichneten bis ins beginnende 20. Jahrhundert Fremdwörter regelmäßig in einem anderem Schriftsystem aus. Im Druck erschien anstelle der Fraktur lateinische Antiqua, in der Handschrift anstelle der deutschen Kurrent lateinische Schreibschrift. Das ist, obschon Konvention, eine Hilfe: Anzeige von Bewußtheit. Sie erlaubt, zum Konformismus einen kleinen Abstand zu gewinnen.

6

Zur Einheit von Kritik und Darstellung – Es würde reichen, die alle Bereiche menschlicher Tätigkeit dominierenden Betriebswirtschaftslehren ausführlich zu Wort kommen zu lassen, um ihren menschenfeindlichen Zynismus offenbar werden zu lassen. Kein neues, aber immer noch ein gültiges Programm: »Die Arbeit, um die es sich zunächst handelt, ist Kritik der ökonomischen Kategorien, oder, if you like, das System der bürgerlichen Ökonomie kritisch dargestellt. *Es ist zugleich Darstellung des Systems und durch die Darstellung Kritik desselben.*« (Marx an Lasalle, 22. Februar 1858; Herv. v. mir).

7

Idiosynkrasien – Wer von sich nicht anders mehr denken kann als in Kategorien der Ware und nicht anders mehr reden als in den Hakenphrasen der Werbung, wird dem Gedanken von Sprachkritik, sprachlichen Idiosynkrasien überhaupt, äußerlich vielleicht gleichgültig, in der Sache aber aggressiv gegenüberstehen. Man will in seinem advertisement ja nicht gestört werden. Kritik ist sozusagen – wie das Grüßen in Kafkas Amerika der Onkelfabriken – im Zuge weiterer ›Rationalisierungsmaßnahmen‹ als etwas Unzeitgemäßes abgeschafft. Sie stört.

Hinge nämlich etwas an den Worten, die einer spricht, dann bestünde die Gefahr, daß diese sich zuletzt selbst kritisch gegen ihren Redner wendeten und die Substanzlosigkeit des beworbenen ›Gegenstandes‹ offenbarten. Das ganze Lügengebilde der Selbstvermarktung fiele in sich zusammen. »Wenn aufgeschlossen würd' ein solcher Mensch, / Erschien er leer.« (Haemon zu Kreon in Hölderlins »Antigonae«-Übersetzung). Sprache als gleichgültiges Zeichen und Körper als zu vermarktende Ware – diese Vorstellungen koinzidierten immer schon im Konzept von Instrumentalisierung. Daß Kritik selbst, und nicht nur an Sprache, heute als veraltet denunziert wird, ist signifikant. Das »Zeitalter der Kritik«, von dem Kant noch in emphatischen Worten sprach, soll endgültig passé sein.

Stellt man die Besinnungslosigkeit und Kurzsichtigkeit von politischen, von technischen, von institutionellen Entscheidungen fest (wenn man ›Entscheidung‹ noch nennen kann, was mehr oder weniger nur noch ein Sich-Einpassen in eine selbst nicht mehr befragte Kausalkette ist), so begegnet pathologisch und reflexhaft die Phrase, das sei ja nur ›überholte‹ pessimistische ›Kulturkritik‹. In Wahrheit gibt es nichts Pessimistischeres als genau diesen allgegenwärtigen Zynismus, der sich gegen die Zumutung seiner Infragestellung wappnet. Als Zement stärkt er die Verhältnisse, während Kritik sie mit Blick auf ein Besseres zu transzendieren sucht. Es steckt ein utopisches Moment in der Kraft zu Kritik, das ihr den Haß derjenigen zuzieht, die sich im Schlechten eingerichtet haben. Sie ertragen die Erinnerung an die Utopie nicht.

8

Doping – Man kopiert die Sprachgesten der scheinbar Mächtigen und sucht damit andere (und vor allem sich selbst) über seine scheinbare Ohnmacht hinwegzutäuschen: ›Zeitfenster‹, ›Schritte in die richtige Richtung‹, ›proaktiv‹ – Sprachschrott von Deponie 21. Das Einverständnis spendiert Dir eine ›Abwrackprämie‹.

∊

Ein Text wie der, den der Vorsitzende des deutschen Bibliothekarsverbands auf dem Hamburger Bibliothekarstag 2012 vorgetragen hat, erregt Übelkeit. Man kann nicht durch die Jahre hindurch Hölderlin, Kafka, Kleist, Büchner studieren und erträgt diese verlogene, machtbezogene Funktionärssprache eines ›Kulturträgers‹, ohne daß das heftige Reaktionen im Körper hervorruft.

9

Motivforschung – Ohne den Respekt vor der Unterscheidung von Sachverhalt und persönlicher Stellung zu ihm kann kein Gespräch, keine Diskussion, kein Streit fruchtbar werden. In Zeiten vollständiger Selbstvermarktung kollabiert diese Differenz. Alles wird im Horizont von Werbemaßnahmen und Rollenspielen wahrgenommen. Die Kultur der grundlegenden Unterscheidung wird ersetzt durch ein System von Unterstellung und Gegenunterstellung, das den Sachbezug als solchen diskreditiert, ihn nur noch als einen weiteren taktischen Zug innerhalb eines egozentrischen Sprachspiels nimmt. Kollektiv praktiziert, ist das für jedes Paar, jede Gruppe, jede Gesellschaft, jeden vernunftorientierten politischen Zusammenhang, jeden Staat tödlich. Natürlich kann man bei jeder sprachlichen Äußerung, bei jeder Handlung überhaupt, nach den Motiven fragen, die zu ihr geführt haben. Das ersetzt freilich nicht die Aufmerksamkeit, die man gleichwohl dem Sachbezug zuwenden muß. Wenn nur noch als unwichtig wahrgenommen wird, *was* jemand zu sagen hat; wichtig hingegen allein, *wo* er es sagt (im Fernsehen, in welcher Zeitung usw.), und *wer:* aus welchen persönlichen Antrieben heraus, dann ist mit der Totalisierung der Äußerlichkeit freilich auch jede Innerlichkeit zusammengebrochen. Unernste, beliebige Sprachspiele bleiben übrig. Mit dem Objekt verschwindet auch das Subjekt.

10

Und doch – Daß eine Sache sich vermittelt über eine Person aussprechen könnte (wie anders aber sollte sie zur Sprache kommen?), grenzt heutzutage ans Undenkbare. Und doch muß das gedacht werden. Wir brauchen diesen von Strategieanalysen freien Raum. Nicht nur gegenüber Anderen muß Respekt kultiviert werden, sondern auch gegenüber dem, wovon die Rede ist. Wer alles verrechnet – verrechnet sich am Ende selbst.

11

Mut und Urteilskraft – das sind heute die beiden knappsten ›Ressourcen‹. Hätten wir mehr von beidem, alles andere gäbe sich von selbst.

12

Die dritte Kritik – Kritik ist unduldsam gegenüber dem status quo. Mit Blick auf das, was kommt, ist sie stets konstruktiv. Ich kann nur kritisieren, wenn ich für das Kritisierte einen Maßstab habe – wenn ich eine Vorstellung davon habe, wie etwas, ein Sachverhalt, eine Person, eine Gesellschaft, sein sollte. Kritik zielt immer auf die Deckung von Begriff und Wirklichkeit. Sie markiert die Punkte, an denen die Gegenwart dahinter zurückbleibt. Das ist für keine Gegenwart angenehm.

Die Kritik hört nun aber keineswegs schon darum auf, weil wir seit geraumer Zeit keinen ›objektiven‹ Maßstab mehr haben; weil wir, wie Celan in dem Nelly Sachs zugedachten Gedicht »Zürich, Zum Storchen«, schreibt, nicht mehr wissen, »was / gilt«; weil wir wissen, daß unsere Vorstellungen, wie etwas sein sollte, einem historischen Wandel unterworfen sind. Man kann sehr wohl eine Einsicht in die Relativität maßgeblicher Werte haben, ohne deshalb die Orientierung an deren Möglichkeit und damit die spezifisch menschliche Fähigkeit der Kritik preiszugeben.

Kritik, gewiß, kann ihren Maßstab nicht dogmatisch voraussetzen. Er ergibt sich bei wirklicher Vertiefung in die Sache. Die Praxis der Textkritik ist hierfür ein gutes Beispiel. Nie wird sie antizipieren können, in welche Probleme sie die Auseinandersetzung mit einem je individuellen poetischen Text verwickelt – und doch gewinnt sie in dieser Auseinandersetzung Maß und Richtschnur an der Sache selbst. Dieses Maß ist, wie Aristoteles wußte, nicht irgendein vorausgesetztes, lauwarmes Mittelmaß, sondern, aus der Krisis der Kritik hervorgehend, ein Äußerstes, Zugespitztes (ἀκρότης).

Im Blick auf dieses Maß entscheidet Textkritik tatsächlich, was gilt, welche Zeichen die Prüfung bestehen (sie bemißt die materielle Überlieferung an der Idee des Textes). Sie entscheidet als Agent des Textes auf der Basis einer kritischen Bewegung, die immer auch eine selbstkritische Bewegung ist. Oft werden sich dabei die mitgebrachten, gesichert scheinenden Voreinstellungen und Kriterien als untauglich erweisen. Der kritische Prozeß hat eben nicht nur eine Richtung, er kehrt sich auch gegen das vermeintlich souverän kritisierende Subjekt, das sich in diesem Wirbel mit aufs Spiel setzt. Ohne Mut wird man sich dieser Bewegung nicht überlassen können. Kant hat sie in der »Kritik der Urteilskraft«, der dritten seiner Kritiken, unter dem Namen der »reflektierenden Urteilskraft« zum Gegenstand des Nachdenkens gemacht.

Kritik und das, ›was gilt‹, *was einen Wert ausmacht,* sind wechselseitig aufeinander bezogen. Man kann das Eine nicht ohne das Andere haben. Es ist von hier aus leicht zu sehen, warum die von Konservativen initiierte ›Wertedebatte‹ der achtziger Jahre so inkonsistent und verlogen war. Sie reagierte seismographisch auf ein Phänomen, das wir nun in aller Klarheit vor uns haben. Aber sie hatte, reaktionär wie sie war, das Gelüst, ›Werte‹ (die sie sich wie Substanzen vorstellte) mit Macht zu dekretieren, die Kritik dagegen am liebsten abzuschaffen. Offen aber sich zu dem stellen, was eingewendet wird, in Distanz zu sich selbst zu kommen, ist Voraussetzung für die Herausbildung eines humanen Maßes, nichts, was man auch weglassen könnte, wenn man etwas lernen, einen Schritt machen will.

13

Dislike it – Der eklatante Mangel an Urteilskraft, der gegenwärtig zu beobachten ist, zieht sich durch alle Lebensbereiche. Es fällt aber auf, daß er gerade im Bezirk des ›Netzes‹ so handgreiflich zutage tritt. Daß sich menschliche Wesen in einer Art universaler Volksbewegung zum statistischen und auszunehmenden Objekt machen, wie man es in der Facebook™- und Twitter™-Sphäre wahrnehmen kann, ist ein gutes Beispiel; ein anderes ist die unreflektierte Datenpreisgabe an die Suchmaschine ›unserer Wahl‹; ein drittes das gedankenlose Konsumieren dieser ›Kommunikations‹-Technologie überhaupt, die, in den heute üblichen Dosen, jede Konzentration und damit jede humane Sozialität und Weiterentwicklung (die auf Aufmerksamkeit in hohem Maße angewiesen ist) zerstört; ein viertes sind – nur scheinbar weiter entfernt liegend – Bibliotheksleiter, die die Abschaffung ihrer eigenen Institution betreiben, indem sie sich durch die technokratische Vorstellung von einer digitalen Weltbibliothek bestimmen und narkotisieren lassen. Das Ganze hat Züge blühenden technomorphen Wahnsinns, dem jede Urteilskraft abgeht.

14

Innhalt – Reflexion als Geschenk, nicht als Vermögen. »Als wie von Gott, himmlisch kommt die Besinnung, / Mein Vater, die auch ist von allem Gut das beste.« (Haemon in der »Antigonae«-Übersetzung Hölderlins)

15

Odysseus – Politiker und Betriebswirtschaftler, neuerdings auch IT-Spezialisten, bewerben sich gerne als patente ›Problemlöser‹. Probleme (wenn es denn wirkliche sind) lassen sich nicht ›lösen‹. Die Pubertät, das Altwerden, der Tod sind *keine Fragen,* die man beantworten könnte, *Rätsel,* die zu lösen wären. Von Fragen und Rätseln sind Probleme deutlich unterschieden.

πρόβλημα hat im Griechischen die konkrete Bedeutung von »Vorgebirge«. Im letzten Standlied des Sophokleischen »Aias« singt der Chor von seiner Sehnsucht nach Athen, er erinnert sich an die Einfahrt in den attischen Meerbusen, an der südlichen Spitze Attikas vorbei: »O wär' ich, / wo waldreich überm Meere das / Vorgebirg [πρόβλημ'], das umwogte, ragt: / unter Sunions hohem Fels, / daß wir die heil'ge Stadt Athen / wieder begrüßten.« Die Griechen, Küstenschiffer, die sie waren, wußten von der Gefahr, an einem solchen Vorgebirge Schiffbruch zu erleiden. Mit einem Problem umgehen hieß für sie: genau und kundig, mit geschärfter Urteilskraft, zu beobachten, Riffe zu meiden, um nicht zu scheitern. Hätte es damals schon Dynamit gegeben, niemand wäre auf den Gedanken gekommen, ein Vorgebirge in die Luft zu sprengen, es aus dem Weg zu räumen, das Problem brachial zu ›lösen‹.

Probleme bleiben, was sie sind, nur unsere Stellung zu ihnen ändert sich. Wir lassen sie hinter uns, nachdem wir uns aufmerksam mit ihnen beschäftigt haben, die Gefährdung durch sie ernstgenommen haben. Wir umsegeln sie, mit Geschick, Urteilskraft und mit Mut. Und wir brauchen auch ein wenig Glück (Geschick in einem anderen Sinne). Dann können wir auf sie zurückblicken.

16

Kultur – der angemessene, reflektierte Umgang mit Problemen, Barbarei der Versuch, sie zu ›lösen‹. Caveat: ›Endlösung‹.

17

Der Ruf – »wenn dieses Spiel unter dem nichtaussetzenden Brausen des Orchesters und der Ventilatoren in die immerfort weiter sich öffnende graue Zukunft sich fortsetzte, begleitet vom vergehenden und neu anschwellenden Beifallsklatschen der Hände, die eigentlich Dampfhämmer sind – vielleicht eilte dann ein junger Galeriebesucher die lange Treppe durch alle Ränge hinab, stürzte in die Manege, riefe das Halt! durch die Fanfaren des immer sich anpassenden Orchesters.« (Franz Kafka, »Auf der Galerie«)

Drei

1

»Arrogant und überheblich, so wie man Buchmenschen kennt« (›Theo‹, Kommentar Nr. 5, Börsenblatt-Artikel 530513, 29.5.2012) – Die gegenwärtigen Debatten um das Urheberrecht sind von seiten der sogenannten user her (Google™, Amazon™, Facebook™ etc. haben ein ganz anderes Interesse an diesem Konflikt, sie *konditionieren* die user) Ausdruck einer Verschiebung. In ihnen manifestiert sich, schaut man genauer hin, ein Generationenkonflikt.

Nun hat es dergleichen Konflikte immer schon gegeben, und man müßte vielleicht auch von dem jetzigen nicht viel Aufhebens machen (älter wird man von Natur aus), wenn er nicht Auswirkungen haben könnte, die weit über seinen Anlaß hinausreichen.

Neu ist ein Doppeltes: Es ist im Namen einer durch und durch kapitalistischen und totale Beobachtung befördernden Technik (nur die vollständige Observierung wird letztlich bleiben von der ›Freiheit‹ im ›Netz‹; abgeklebte Kameras bei Laptops sind im Vormarsch, ein Symptom dämmernden Bewußtseins), daß der Konflikt sich Gehör zu erzwingen sucht; und: er stützt sich nicht nur nicht auf Bücher (fast alle Früheren trauten ihnen eine Menge zu), sondern haßt sie geradeheraus.

Die Generation, die, alleingelassen, schutz- und erziehungslos, mit ihren gadgets und sehr kleinen Quanten an Aufmerksamkeit (in jeder Beziehung) großgeworden ist, rächt sich an der voraufgehenden, die zwar die Technik, nicht aber einen gebildeten Umgang mit ihr in die Welt gesetzt hat.

Noch 1967/68 war das Aufbegehren gegen das establishment eines, das sich auf Bücher berief, die von der Generation vorher *nicht* gelesen wurden (ältere Werke wie die von Marx, Freud, auch Hegel, aber auch zeitgenössische wie die Adornos, Benjamins, Brechts, Lukács', Reichs, Sartres, de Beauvoirs, Herbert Marcuses) – international, d.h. auch jenseits der spezifisch deutschen Nazi-Vorgeschichte. Die Gegenwart wurde am Anspruch komplexer, sich in umfangreichen Werken entfaltender Gedanken gemessen, und – ganz unabhängig davon, ob die im Regal des Studenten stehenden Taschenbücher tatsächlich studiert wurden –: es war vorausgesetzt, daß der Kampf mit den Vätern nicht durch Ignoranz gegenüber der Überlieferung gewonnen werden konnte, sondern indem man sich in der Tradition des Denkens und der von dieser ermöglichten Praxis *besser* auskannte und andere Konsequenzen daraus zog als die vorangegangene Generation. Hegels Einsicht, die »wahrhafte Widerlegung« müsse »in die Kraft des Gegners eingehen und sich in den Umkreis seiner Stärke stellen; ihn außerhalb seiner selbst angreifen und da recht zu behalten, wo er nicht ist, fördere die Sache nicht«, war intendierte Praxis, mochte man Hegel gelesen haben oder nicht. Damit haben die Netzaktivisten heute nichts mehr am Hut, ihr Totalitätsanspruch speist sich aus bekennender Unkenntnis. Ihr tablet ist eine tabula rasa.

Niemals vorher ist in der Neuzeit die Kurzsichtigkeit im Kampf mit der Vorgängergeneration so groß gewesen wie heute, nicht 1519, nicht 1776, nicht 1789, nicht 1919, nicht 1967/68: Man nimmt, unfähig dazu, um die nächste Ecke zu schauen, die Eliminierung verantwortlicher und unabhängiger Autorschaft (sie ist bei aller Flexibilität ans Buch gebunden), den Zusammenbruch des Verlagsbereichs und den Kollaps des nichtmonopolistischen Buchhandels in Kauf und arbeitet unbewußt und unentgeltlich jenen global agierenden Konzernen in die Hände, die sich das kulturelle Gedächtnis im Horizont des zynisch-spätkapitalistischen ›Geschäftsmodell‹-Denkens einverleiben wollen. ›Kollateralschaden‹: die Liquidation eigensinnigen, nonkonformen, konkreten Subjektseins (›Liquid democracy‹ – ein schön doppeldeutiges Schlagwort übrigens auch für badbanker).

2

Meinen und Sagen – I-Phone, I-Book, I-Pad, I-Pod, Ich-Ich-Ich-Ich: Substitute verlorenenen Selbstseins, als seien die gadgets Zauberstäbe, die abgerichtete Konsumenten wieder in Subjekte verwandeln könnten. So einfach ist es freilich nicht, unaustauschbar, unverrechenbar zu sein. Die Behauptung, es zu sein, reicht jedenfalls hierfür nicht aus: »Wenn ich sage: Ich, so meine ich *mich*, diese einzelne Person von allen anderen unterschieden. Ich bin aber eben *so* ein Gemeintes; ich kann *mich*, der ich meine, gar nicht sagen. Ich ist absoluter Ausdruck. Ich und kein anderer als Ich, – so sagen alle von sich; Ich ist jeder. Wer ist da? – Ich. – Das sind alle.« (Hegel, »Vorlesungen zur Geschichte der Philosophie«)

3

Nach Indien – Der gleitende, wischende, streichelnde und tatzende Finger auf dem touchscreen löst einen Befehl (command) aus, der ›reibungslos‹ exekutiert wird – Zauberei (und zugleich erotische Ersatzhandlung: I-pet). Schön für Manisch-Depressive. In jedem user steckt ein kleiner Napoleon, der will befehlen und bedient werden. ›Weltweit‹.

4

Dumpfes Gefühl – Man spürt ›irgendwie‹, daß man im Alter zwischen zehn (vielleicht auch schon früher) und sechzehn (vielleicht auch noch später) um etwas betrogen wurde, als man vor dem ›Schirm‹ saß und sich seine Aufmerksamkeit, umgeben von Akkus, Funknetzen, Kabeln und Steckern, zerbröseln ließ. Wer »Die Brüder Karamasow« oder »Der Idiot« oder »Der Grüne Heinrich« in seiner Pubertät liest, entwickelt andere, *menschlichere* Fähigkeiten, als alphanumerische Reihen mit 140 Zeichen vager Orthographie zu ›texten‹ oder komprimierte Bildchen in sein ›Profil‹ ›hochzuladen‹. Schon aus Zeitgründen wäre eine Wahl zu treffen (und die Älteren müßten vielleicht helfen, anstatt im »immer sich anpassenden Orchester« die Triangel zu schlagen).

Haß auf ›Büchermenschen‹, auf Bücher überhaupt, scheint unbewußt zu entwickeln, wem dämmert, daß für ihn diese Entscheidung an anderer Stelle längst schon gefällt worden ist. Was man früh nicht konzentriert, mit roten Ohren gelesen hat, nicht hat lesen können – es ist, wie es im letzten Satz von Kafkas Erzählung »Ein Landarzt« heißt, »niemals gutzumachen«.

ζ

An einen frühen Februartag, es muß 1967 gewesen sein, erinnere ich mich noch sehr genau. Ich konnte mich zum Lesen nach draußen auf den Schaukelstuhl setzen, es müssen um die 15 Grad gewesen sein. Der Balkon ging nach Osten, am Horizont der Schwarzwald, und die Morgensonne schien auf das Buch, das ich zum Geburtstag geschenkt bekommen hatte. Die Schrift leuchtete. Ich habe den ganzen Vormittag gelesen. Ruhig und warm. Nichts störte mein Versunkensein. Niemals später habe ich einen Geburtstag so intensiv erfahren. Selbstbegegnung.

5

Digital natives – ein von den üblichen Verdächtigen™ propagiertes Fahnenwort. Man *will* Konsumenten, die nur Nullen und Einsen sortieren können (die Welt aufgeteilt in like und ¬like), und fordert, nachdem man die Opfer (in-)formatiert hat, die Politik auf, das abzusegnen.

6

Überfirmen – Nietzsche hat im Herbst 1887 den heute nahezu vollständig realisierten Zustand präzise vorhergesagt: »Auf jenem ersten Wege, der vollkommen jetzt überschaubar ist, entsteht die Anpassung, die Abflachung, das höhere Chinesenthum, die Instinkt-Bescheidenheit, die Zufriedenheit in der Verkleinerung des Menschen – eine Art *Stillstand* im *Niveau des Menschen.* Haben wir erst jene unvermeidlich bevorstehende Wirthschafts-Gesammt-Verwaltung der Erde, dann *kann* die Menschheit als Maschinerie in deren Diensten ihren besten Sinn finden: als ein ungeheures Räderwerk von immer kleineren, immer feiner ›angepaßten‹ Rädern; als ein immer wachsendes Überflüssigwerden aller dominirenden und commandirenden Elemente; als ein Ganzes von ungeheurer Kraft, dessen einzelne Faktoren *Minimal-Kräfte, Minimal-Werthe* darstellen.« Und wenig später: »Moralisch geredet, stellt jene Gesammt-Maschinerie, die Solidarität aller Räder, ein maximum in der Ausbeutung des Menschen dar: aber sie setzt solche voraus, derentwegen diese Ausbeutung Sinn hat. Im anderen Falle wäre sie thatsächlich bloß die Gesammt-Verringerung, Werth-Verringerung des Typus Mensch, – ein Rückgangs-Phänomen im größten Stile.«

Der Physiognomie des Nihilismus war damit scharfe Kontur verliehen und, zugleich als verzweifelte Gegenwehr, Nietzsches Konzept des sinnsetzenden ›Übermenschen‹ vorgezeichnet. »Man sieht, was ich bekämpfe, ist der ökonomische Optimismus: wie als ob mit den wachsenden Unkosten Aller auch der Nutzen Aller nothwendig wachsen müßte. Das Gegentheil scheint mir der Fall: die Unkosten Aller summiren sich zu einem Gesammt-Verlust: der Mensch wird geringer: – so daß man nicht mehr weiß, wozu überhaupt dieser ungeheure Prozeß gedient hat. Ein wozu? ein neues ›Wozu!‹ – das ist es, was die Menschheit nöthig hat ...« Anders aber als Nietzsche wollte, zeichnet sich heute ab, daß keine schöpferischen ›Übermenschen‹ das Wozu mehr festlegen werden (das wäre schon problematisch genug), sondern die Börsenstände gesichtslos-machthabender ›Überfirmen‹.

7

Zur Not auch elitär – Die Rechenschaftsschrift mit dem Titel »Nach zehn Jahren« – laut der handschriftlichen Notiz Eberhard Bethges auf dem Typoskript-Durchschlag zu Weihnachten 1942 verfaßt – wurde von Dietrich Bonhoeffer noch geschrieben, bevor er von den Nazis in das Wehrmachtsuntersuchungsgefängnis Berlin-Tegel und dann in das Kellergefängnis in der Berliner Prinz-Albrecht-Straße verbracht wurde. Es ist ein hellsichtig-aufrichtiges Dokument, das nicht nur wegen der Zeugenschaft, die sein Autor bald darauf übernahm, immer und immer wieder gelesen zu werden verdient. Die Gedanken zur »Civilcourage« etwa oder der Abschnitt, der überschrieben ist »Vom Erfolg« (»Solange das Gute Erfolg hat, können wir uns den Luxus erlauben, den Erfolg für ethisch irrelevant zu halten. Wenn aber einmal böse Mittel zum Erfolg führen, dann entsteht das Problem«), das Kapitel »Von der Dummheit« (»Dummheit ist ein gefährlicherer Feind des Guten als Bosheit«) – all das ist heute noch genauso aktuell wie zu dem Zeitpunkt, als Bonhoeffer diese Zeilen schrieb.

Der erstaunlichste Absatz in Bonhoeffers Text ist freilich jener, der mit »Qualitätsgefühl« überschrieben ist – eine Programmschrift für die Kultivierung der Distanz und Absonderung vom konformistischen mainstream: »Wenn wir nicht den Mut haben, wieder ein echtes Gefühl für menschliche Distanzen aufzurichten und darum persönlich zu kämpfen, dann kommen wir in einer Anarchie menschlicher Werte um. Die Frechheit, die ihr Wesen in der Mißachtung aller menschlicher Distanzen hat, ist ebenso sehr das Charakteristikum des Pöbels, wie die innere Unsicherheit, das Buhlen um die Gunst des Frechen, das Sichgemeinmachen mit dem Pöbel der Weg zur eigenen Verpöbelung ist.«

Ganz im Unterschied zur im Kern widersprüchlichen Elitevorstellung, die heute – durch staatliche Programme gefördert – im Schwange ist (man finanziert offiziell ›Geistes-Elite‹, will aber in Wahrheit gleichförmig gezüchtete Techniker), nimmt Bonhoeffer Widerstand und radikale Abweichung in den Gedanken von Elite mit hinein. Er scheut sich in diesem Zusammenhang auch nicht, »adlige Haltung« zu fordern (eine Menge Nietzsche liegt hier in der Luft).

Die Ziele, *das Wozu,* werden klar benannt, auch medial: »Es geht auf der ganzen Linie um das Wiederfinden verschütteter Qualitätserlebnisse, um eine Ordnung auf Grund von Qualität. Qualität ist der stärkste Feind jeder Art von Vermassung. Gesellschaftlich bedeutet das den Verzicht auf die Jagd nach Positionen, den Bruch mit allem Starkult, den freien Blick nach oben und nach unten, besonders was die Wahl des engeren Freundeskreises angeht, die Freude am verborgenen Leben wie den Mut zum öffentlichen Leben. Kulturell bedeutet das Qualitätserlebnis die Rückkehr von der Zeitung und Radio zum Buch, von der Hast zur

Muße und Stille, von der Zerstreuung zur Sammlung, von der Sensation zur Besinnung, vom Virtuosenideal zur Kunst, vom Snobismus zur Bescheidenheit, von der Maßlosigkeit zum Maß. Quantitäten machen einander den Raum streitig, Qualitäten ergänzen einander.« Hier stehen wir auch siebzig Jahre später noch.

8

Auf den Sporaden – Wer sich nur eine halbe Stunde vorurteilslos in seinen Gewohnheiten hinter einem ›Schirm‹ beobachtet, weiß, daß konzentriertes Arbeiten, Konzentration überhaupt, durch das Medium selbst nahezu unmöglich gemacht wird. Dieses Defizit kann aber nicht etwa durch eine andere, ›bessere‹ Technik (etwa eine noch feinere ›digitale Tinte‹, ein ›höherauflösendes‹ display etc.) wettgemacht werden. Die Technik selbst ist hier das Problem: ›Online‹-Sein *bedeutet* perforierte Aufmerksamkeit. Zieht das Buch eine scharf umrissene Grenze gegenüber ›außen‹, so ist man am PC, am tablet, immer schon mittendrin in der Welt der Geschäfte, der ›Kommunikation‹, der Versteigerungen, der ›Freundeskreise‹, der Nachrichtenkanäle, der Musik- und Video-›Plattformen‹. Man *ist* ›im Netz‹ (Gefangene, die ihre Lage nüchtern betrachteten, wären froh, ihm entronnen zu sein). Einmal bei einer kleinen Konzentrationsschwäche während des Schreibens eines Artikels die e-mails ›abgerufen‹ – man kommt so schnell nicht wieder zurück.

9

Erinnerung und Entäußerung – Versenkung ist etwas anderes als Verschüttung. Zwei radikal unterschiedene Weisen, ›sich zu vergessen‹.

Innehalten – Eine der dümmsten Wortmünzen, die sich derzeit im Umlauf befindet, ist die von der »Content-Industrie« (die aggressivere Variante ist die von der »Content-Mafia«). Sie beschreibt ganz allgemein und unspezifiziert alle Erwerbszweige und Berufe, die sich um die Verbreitung urheberrechtsgeschützter Texte, Bilder und Musik kümmern und in die Möglichkeit *neuer* Texte, *neuer* Bilder, *neuer* Musik investieren. ›Verlag‹ kommt im Deutschen, das vergißt man leicht, von ›vorstrecken‹, ›vorschießen‹.

Alle, die diesen Prozeß der Produktion am Leben erhalten, unter den Allgemeinbegriff ›Industrie‹ zu fassen, ist irreführend. Ich kann mir zwar Bertelsmann™, Sony™, Time-Warner™, die großen Hollywood-Firmen usw. durchaus als Industrieunternehmen vorstellen – aber kleine Manufakturen wie den Meiner Verlag, Stroemfeld, Klostermann, Mohr Siebeck, die Hyphen Press, die ganze Palette der independent labels unter diesen Begriff zu beugen? Wie kommt man dazu?

Die tendenziöse, ideologisch zugerichtete Floskel von der Content-Industrie bzw. der Content-Mafia zielt als Feldgeschrei denn auch weniger auf die Gewinne der Großen als auf die, die als Autoren die Unterstützung eines Verlags im Rücken haben und deshalb materiell und spirituell bedeutend unabhängiger sind als die, die isoliert das ›Netz‹ mit ihren Einsichten füttern. Viele meinen ja schon, daß das kontinuierlich-intermittierende Befüllen der Kommentarfunktion einer beliebigen Nachrichtenseite so etwas wie Autorschaft begründe – und fühlen sich dann mißachtet, wenn Lektorate in Verlagshäusern das nicht auch so sehen.

Neid, nicht der Impuls auf Verteilungsgerechtigkeit, liegt der Parole in Wahrheit zugrunde. Gerade wer weiß, wie technisch und finanziell anspruchslos es ist, einen blog zu führen, hat ein scharfes Bewußtsein von der zusätzlichen Autorität, die den publizierten Worten durch einen Verlag zuwächst. Die Energie, die es braucht, etwas *herauszuheben* (das die wörtliche Bedeutung von ›urheben‹), teilt sich dem Herausgehobenen im innersten Kern mit. Das ist dann eben nicht mehr nur die Äußerung eines Einzelnen, sondern eine, deren Veröffentlichung eine materielle und ideelle Solidarisierung anderer bereits erfahren hat. Ein intelligentes Lektorat vorausgesetzt, werden sogar die Texte besser.

Doch vor allem die Rede vom ›content‹, als sei dieser ein Ding, geht am Zusammenhang vorbei. Schon die Verkleidung ins Englische macht (das ist jetzt nichts mehr Neues) mißtrauisch. Tatsächlich ignoriert die Floskel insgesamt – und wohl mit Absicht gewaltsam – unsere gesamte abendländische Tradition des Nachdenkens über dergleichen ›Gegenstände‹. Mit merkantiler Brutalität ignoriert man 2500 Jahre philosophisch-begrifflicher Differenzierung und verwendet das Wort ›content‹ so, als sei für seinen Gebrauch eine in den Naturwissenschaften (und bei Telefonbüchern und Beipackzetteln) vielfach gängige Vorstellung auch für kulturelle Gebilde (ich rechne dazu auch wissenschaftliche Texte) maßgeblich. Man denkt, was immer publiziert wird, im äußerst beschränkten Horizont von Information.

Bei jedem anspruchsvolleren Film, Musikstück oder Text ist ›Inhalt‹ aber nicht etwas, was ich von seiner spezifischen, konkreten Artikulationsform, seiner konkreten Formung und Materialisation, ablösen kann. Die barbarische, vom Trinkgefäß abgeleitete Vorstellung eines Behälters und einer von ihm unabhängigen Befüllung ist an Banausie nicht zu überbieten, Trivialplatonismus.

Es ist eben nicht ein und derselbe Text, der auf bestimmtem Papier, in einem bestimmten Format, stabil und zugleich flexibel gebunden, in einer bestimmten, reflektierten Typographie, mit einem bestimmten Umschlag in die Welt tritt, und jener, der mittels HTML- oder XML-Code neben einer Viagra™-, oder Amazon™-Werbung eines beliebigen ad-servers *oder* einem ›like‹™- oder Twitter™-button erscheint: Das Buch bildet *seinen eigenen Kontext* aus, und je mehr Parameter der äußeren Gestalt bei seiner Herstellung reflektiert wurden, desto adäquater ist in und an ihm *sein* individueller Inhalt präsent und wahrnehmbar. Dito bei Film, Bildern und Musik. Der Kontext des ›Netzes‹ dagegen zwingt jedem Gebilde mit Gewalt die ihm immanente Struktur der Zerstreuung auf – man ist gleich woanders, »nur weg von hier« (Kafka). Das zerstört am Ende noch den Kern menschlicher Äußerung selbst.

Für alles, was gesagt wird, ist das *Wie* und das *Wo* seines Gesagtseins essentiell. Sonst stünde alles, was interessant wäre, schon im ›Duden‹, pardon, im ›Oxford English Dictionary‹. Autoren und Verlage tragen daher, ist es ihnen mit Publikation und Autorschaft ernst, aus guten Gründen auch die Verantwortung für Gestalt und Ort der Publikation. Niemand kann, niemand darf ihnen das abnehmen (wollen). Wen das gleichwohl gelüstet, ist bei der Barbarei schon angekommen.

Noch in Schillers »Horen« erinnerte die Schreibung des Wortes »Innhalt« mit Doppel-n, daß es beim Inhalt nicht primär um das Verhältnis eines Inneren zum Äußeren ging, sondern um ein *Innehalten,* eine Unterbrechung: ein Einstehen in einer bestimmten, dem Geäußerten je eigenen, ihm selbst angemessenen Grenze. Die spezifische, durch und durch individualisierte Form gehört zum Inhalt dazu, ist von ihm zwar zu unterscheiden, nicht aber abzulösen. Inhalt ist keine formlose Materie. Ohne Einsicht in dieses Reflexionsverhältnis gerät alle Rede vom ›content‹ zum Gefasel.

11

Klugscheißer – »Das Buch ist doch nur eine gedruckte Datei«. Ein Baum ist doch nur Zellstoff, Mineralien und Chlorophyll, der Mensch ein Agglomerat von Eiweißen, Fett und Kohlehydraten. – Zwanzig Jahre ›Netz‹ und schon hat man verlernt, was eine Wesensbestimmung sein könnte.

12

Fantasiestücke – Die pdf-Datei auf dem Bildschirm erscheint als photographische Reproduktion des Buches. Je schöner das Buch war, desto pornographischer ist sie.

13

Der Umschlag – Mangelndes Bewußtsein davon, was ein Buch ausmacht, ist kein neues Phänomen. Das ›Netz‹ hat die Krise der Buchkultur, die sich schon in den Sechzigern andeutete, nur verstärkt und ihre Auswirkungen beschleunigt. Schon Adornos Text »Grillen«, 1963 in den »Akzenten« erschienen (partiell schon 1959 in der FAZ vorabgedruckt), wies auf die Versehrtheit hin, durch die sich die Gestalt der Bücher analog zu der der Menschen auszeichnete. Das Schlimmste freilich sollte hier erst noch kommen. Und in diesem Bereich ist es, wo Verlage die größten Fehler gemacht haben. Die Liste der Unterspülungen ist lang. Wissenschaftliche Verlage ohne Lektorat, die die typographisch ungeschulten Autoren alles selbst ›setzen‹ lassen; Ausstattungen, die zum Himmel schreien; Buchblöcke, die bei einmaligem Öffnen brechen; nicht selten neuerdings bläulichweißes, gestrichenes Papier, lesephysiologisches Augenpulver ohne jeden haptischen Charme. Man ist, allerdings mit bedeutenden Ausnahmen, im Schnitt wieder auf dem Stand von 1880.

Nicht nur wissenschaftliche, auch sogenannte Publikumsverlage haben dazu beigetragen, der spezifischen Qualität und damit dem Ansehen und der Würde des Buchs zu schaden. Waren zu Anfang der siebziger Jahre die Taschenbuchreihen durch Format, Farbe und typographische Einrichtung noch unverwechselbar, so glaubte man zunehmend, in der Einbandgestaltung mit anderen Medien konkurrieren zu müssen: Photographische Bildchen mußten her, am besten bunte. Für den typographisch strengen Fleckhaus und Piatti mit seinen unverwechselbaren graphischen Symbolen kam McKinsey™. Daß alle es dann so machten, zeigt, daß Verlagsentscheidungen vor Opportunismus nicht gefeit sind. Jede Bahnhofsbuchhandlung legt mittlerweile Zeugnis davon ab, was die Konsequenz aus sachlich unangemessenen Entscheidungen ist: Beliebigkeit, Austauschbarkeit, Nichterkennbarkeit.

Es ist immer ein schlechtes Zeichen für eine Buchkultur, wenn Hersteller typographischer und graphischer Gestaltung nichts zutrauen und auf äußerliche gimmicks setzen. Vor allem zeugt die durchgehende Bebilderung der Umschläge von einem gestörten Verhältnis zwischen Leser und Verlag – was gewinnt ein Venedigbuch, wenn auf dem Umschlag eine Gondel vor dem Markusplatz abgebildet wird? Bewegung des ›Abholens‹ auch hier: Anbiederung durch falsche Konkretion. Man traut dem Leser nichts mehr zu, hat ihn abgeschrieben – und wundert sich dann, wenn er dorthin abwandert, wo ›content‹ noch mundgerechter zubereitet wird. Ein Leser mit Ansprüchen an Literatur wird sich die Einschränkung seiner Phantasie durch eines der üblichen Agenturbildchen verbitten. Er wird das Buch, wenn der Verlag, wenn der Autor Glück hat, vielleicht *trotz* seines Umschlags lesen.

Zur Wüste – Ist Internet Fernsehen + Nachschlagewerk + Werbung + Einkaufszentrum + Interaktion, ergeben sich aus einer Analyse dieses Befundes – hat man die von McLuhan prognostizierte Hypnose erst einmal hinter sich gelassen – verschiedene Folgerungen.

Die wichtigste: Gleichbleibende Konzentration und anhaltende Aufmerksamkeit haben im ›Netz‹ genau wegen dieser Kanalmischung keinen Platz. Aufmerksamkeit und Konzentration sind aber für die Auseinandersetzung mit zentralen Problemen menschlichen Daseins unabdingbar. Solange es menschliche Wesen gibt, wird die Kantische Frage: was der Mensch sei? immer wieder und immer neu gestellt werden – und in ihrem Gefolge die in ihr begriffenen problematischen Grundfragen: Was kann ich wissen? Was soll ich tun? und: Was darf ich hoffen? Läßt man sich auf diese Fragen ein, wird man ohne das Konzentration und Vertiefung fordernde und befördernde Buch nicht auskommen. Es zieht als Gegenstand eine Grenze gegenüber der mit dem Medienmix des ›Netzes‹ einhergehenden Zerstreuung. Das ist seine wichtigste kulturelle Leistung.

Der Geltungsbereich dieser Beobachtung erstreckt sich indes nicht nur auf das Lesen dichterischer oder spekulativer Texte. Auch in Bereichen, die nur indirekt mit den vier Fragen Kants zusammenhängen, ist langanhaltende Konzentration und Aufmerksamkeit für das Erfassen des dargestellten Zusammenhangs unverzichtbar.

Etwa im Bereich der ökonomischen Theorie. Wenn es seit geraumer Zeit keine Monographie gibt, die die durch Computertechnik und speziell die Beschleunigung aller Transaktionen im ›Netz‹ eingetretene Systematik des globalen Wirtschaftszusammenhangs analytisch auf ihren Begriff bringt, so ist das Fehlen einer solchen Theorie selbst bereits Symptom für einen Mangel an konzentrierter Komprehension. Läge sie vor, bräuchte der interessierte Leser wiederum kontinuierlich Zeit, sich in ihre Analysen zu vertiefen – Zeit, die ihm von den immer zudringlicher werdenden technischen Apparaten geklaut wird, wenn er nicht bereit ist, sich selbst zu disziplinieren (und diese Zwänge zur Selbstdisziplinierung werden immer rigoroser). Eine Gesellschaft aber, die die Kraft nicht mehr aufbrächte, zu dem, was sie im Kern bestimmt (die vollständige Unterwerfung des Einzelnen unter die Gesetze der Marktförmigkeit mithilfe einer überall einsickernden Technik), in Reflexionsdistanz zu treten, hätte sich als politische Kraft verabschiedet. Vom Offenhalten einer Möglichkeit geistiger Erfahrung ganz zu schweigen.

Man muß nicht wie die Eremiten des vierten Jahrhunderts in die ägyptische Wüste gehen, um sich dem unendlichen Informationshagel, der durch die Kanäle ausgestreut wird, zu entziehen. Es reicht, daß dem um das Buch herum konzentrierten Bereich der Aufmerksamkeit selbst die nötige Aufmerksamkeit geschenkt wird. Und begriffen ist, was man an ihm *als einem ausgezeichneten Gegenstand der Sammlung* hat. Geistige Erfahrung heute setzt erst einmal voraus, daß der Stecker gezogen, die Verstrickung ins ›Netz‹ gelöst wird und man für die notwendige Phase des Atemholens sich aus der Reiz-/Reaktionskette der Vernetzten befreit: eine Entscheidung, die Urteilskraft voraussetzt – und, für sie einzustehen, Mut. Man kann sich dabei durchaus am Selbstbewußtsein des von Dante geschätzten provenzalischen Trobadors Arnaut Daniel orientieren: »Ieu sui Arnautz qu'amas l'aura / e cas la lebre ab lo bou / e nadi contra suberna.« (»Ich bin Arnaut, der die Luft [die Aura] hascht, den Hasen mit dem Ochsen jagt und gegen den Strom schwimmt«). Den Hasen mit dem Ochsen zu jagen, ist nicht dasselbe, wie gegen eingebildete Ritter zu kämpfen, die ›in Wahrheit‹ Windmühlen sind.

Hieronymus, der Schutzheilige der Übersetzer, »retires to the desert, not because he hates the world – or dreads it – but because he loves his books, cannot get leave – at Rome – to read them, and finds his entire life at Rome made a warfare of by its corrupt clergy, who are all united alike against the sincerity of his life and its simplicity, he having already at Rome rejected the luxury and vanity of Rome; all the more decisively because he felt how delightful they were to him.« (John Ruskin, aus einer Aufzeichnung zur geplanten Fortsetzung von »Our Fathers have Told Us«).

15

»Sì trapassamo per sozza mistura / dell'ombre e della pioggia, a passi lenti, / toccanda un poco la vita futura.« (»So schritten wir durch das schmutzige Gemisch / von Schatten und Regen, langsamen Schritts, / und sprachen ein wenig vom zukünftigen Leben.« Dante, »Inferno«, VI 100-102) – Angesichts der massenhaften und mit beträchtlichen Summen auch durch öffentliche Institutionen geförderten Retrodigitalisierung, deren volkswirtschaftlicher Nutzen immer unterstellt, nie jedoch belegt wird, scheint die Insistenz auf der Notwendigkeit eines privaten Verlagssektors und konzentrierten Bücherlesens auf den ersten Blick rückwärtsgewandt, konservativ. Das ist aber nur eine optische Täuschung, deren Entstehung sich durch die anhaltende allgemeine Hypnose erklärt. Der Name ›Retrodigitalisierung‹ selbst verrät ja schon die wahre Ausrichtung der teilweise aus Geldmacherei (Google™), teilweise aus Hysterie, Opportunismus und ›Kostendämpfungs‹-Gründen (öffentliche Bibliotheken) vorangetriebenen Aktion: Immer wird vergangene Produktion ausgebeutet und diese Ausbeutung dann als Zukunftsprojekt ausgegeben.

Indem durch riesige Fehlzuweisungen von Geldern und der Deklaration dieser Verfehlungen als ›alternativlos‹ der realen Produktion von Neuem im geistigen Feld der Boden entzogen wird, schrumpft der Zukunftshorizont immer mehr auf einen isolierten Punkt zusammen. Die Analogie zu den Vorgängen auf der ökonomischen Makroebene und der kollektiven Verschuldungspolitik liegt auf der Hand. Auch hier wird die Luft für neue Produktion immer dünner. Man lebt zu Lasten Späterer.

Der zu beobachtende Übergriff des ›dritten Sektors‹ auf den ›ersten‹ ist es, der auf einen fatalen Mangel gegenwärtiger Urteilskraft schließen läßt. Denn indem staatliche Dienstleistungsinstitutionen in Gestalt von Bibliotheken sich zunehmend als Verlage aufspielen, treten sie nicht nur als öffentliche Konkurrenz privater Unternehmen an, die in diesem Feld professionell seit Jahrhunderten arbeiten; sie entziehen diesen Unternehmen zugleich die ökonomische Grundlage. Und indem sie das – blind für alle kulturellen Folgen – tun, verzehren sie mittelfristig zugleich ihre eigene Existenzberechtigung. Nach vollzogener Machtübernahme (die Blase wird, gottseidank, vorher platzen) würde man sie nicht mehr brauchen.

Das läuft als durch und durch geistloses Programm ohne jede selbstkritische Zurückhaltung. Statt etwa mit wissenschaftlicher Beratung die rechtefreien Bestände älterer Bücher und Handschriften systematisch und tatsächlich nutzbringend zu erschließen, geht es – als sei Quantität, nicht Qualität der allesentscheidende Gesichtspunkt – längst schon darum, bei der Retrodigitalisierung die Grenze zur gegenwärtigen Produktion bis auf den Jetztpunkt vorzuschieben. Die unersättliche Gier dieser technokratischen Einverleibung vertilgt jetzt schon Zukunft. Wenn ihr nicht Einhalt geboten wird, verödet das Feld, das Verlage seit jeher bewirtschaften, ohne daß etwas Vergleichbares in Sicht wäre. Sinnvolle Betreuung des Autors durch seinen Verlag – dies übrigens ganz unabhängig, ob es sich um ein gedrucktes Buch handelt oder nicht – wird nicht mehr möglich sein. Verlage investieren ja längerfristig in ihre Autoren – und wer ein paar Beispiele braucht, mag an Uwe Johnson, Wolfgang Koeppen, Peter Handke, Reinhard Jirgl, Peter Kurzeck, Walter Kappacher oder auch an Jürgen Habermas denken. Um dazu imstande zu sein, müssen sie sich über Verkäufe rekapitalisieren. Die Konkurrenz durch risikofreie öffentliche Institutionen läßt diesen für den ersten Kultursektor zentralen Zusammenhang kollabieren, ohne eine Alternative überhaupt nur ins Auge zu fassen. Oder gibt es irgendwo eine einzige öffentliche Bibliothek, die die schlechthin notwendige, auf zukünftige Produktion zielende ›Dienstleistung‹ der Autorenbetreuung (von der Finanzierung bis hin zum Lektorat) anböte?

Die Allmachtsphantasien des neuerdings mit Google™ und Facebook™ ja auch offiziell verbündeten Bibliothekssektors konkretisieren sich semantisch in verlogenen Umprägungen. So versucht man Losungen durchzusetzen, die sehr unverhohlen an die Begehrlichkeiten der user anknüpfen, und nennt stereotyp die im Urheberrecht festgelegte Zeitspanne, die konventionell ›Schutzfrist‹ heißt, pejorativ, ›Embargofrist‹. Wer will schon von einem Embargo betroffen sein? Am liebsten hätte man ›Schutz‹ aber nicht nur semantisch liquidiert, sondern den sogenannten Zugang zu jedwedem Werk »barrierefrei«: Als seien Leser körperlich Behinderte und Verlage böse, versehrtenfeindliche Einrichtungen. Wenn es einen Preis gäbe für die verlogenste Sprachlichkeit des letzten Jahrzehnts, dann wäre er im Bereich der ›Open Access‹-Ideologeme (das Wort ›Open Access‹ selbst gehörte gleich mitprämiert) zu vergeben.

Der – im genauen Sinn des Wortes – geistesgestörte Ausgriff von Technik-Unternehmen und staatlicher Dienstleistungsbürokratie auf die kulturelle Produktion der Zeit zielt in Parolen und konkreter Vorgehensweise (bei paralleler Tolerierung massenhafter Urheberrechtsverletzungen) zugleich mit der in Kauf genommenen Liquidierung der Verlage auf eine Eliminierung des Buches. Es ist nur konsequent, daß dieses Ziel angesteuert wird. Nicht nur, daß die Professionalität, die bereits in dessen materielle Herstellung einfließt, der qualitätsfeindlichen Grundströmung zuwiderläuft, ja sie bloßstellt (es ist zu offensichtlich, daß man mit ihr nicht konkurrieren kann). Auch die Reflexionspotentiale, die im Buch – als Konzentration und Aufmerksamkeit heischendem, Distanz zum Ganzen ermöglichendem Gegenstand – angelegt sind, stören die totale Digitalmobilisierung in sozza mistura: Menschen wünscht man sich am liebsten nur noch am Draht, im ›Netz‹. Wir könnten sie dann getrost auch Marionetten nennen. Der Satz, den Botho Strauß (NZZ vom 26. Mai 2012) notierte: »Früher gab's mehr von dem, was war. Heute gibt's zu viel von dem, was wird«, beruht darum auf einer falschen Wahrnehmung. Es ist genau umgekehrt. Es gibt heute viel zu viel von dem, was war, und, wenn wir nicht aufpassen, bald gar nichts mehr, was wird.

Sowenig der Gedanke, Bäume am Amazonas zu schützen, weil man sie für das zukünftige Leben auf dem Planeten für unverzichtbar hält, ein reaktionärer Gedanke ist, sowenig ist es der Impuls, die Trias von Autor, Verlag und Buch gegenüber dem digitalen fallout zu sichern – da mögen die Propheten eines neuen, digital ›vernetzten‹ Denkens (vom ›Netz‹ her gedacht sind sie allerdings keine Propheten, sie verstehen sich selbst als ›Humanschnittstellen‹) noch so laut für seinen Totalismus die Werbetrommel rühren. Was man immer deutlicher erkennen kann, ist die Verschmutzung jener Atmosphäre, durch die früher, unverfügbar und allerdings auch damals selten genug, der frische Wind des Geistes wehte. *Es gibt* eine Ökologie des Buches, wie es eine des Baumes, des Wassers und der Luft gibt. Um sie zu sehen, muß man nur ein ganz klein wenig genauer hinschauen.

16

Blätterrauschen – Man hört oft, die Ausbreitung des ›Netzes‹ sei eine mediale Revolution, vergleichbar nur mit der Gutenbergschen Erfindung des Drucks mit beweglichen Lettern. Und man schließt aus der Analogie des Wechsels von handschriftlichen Folianten zu gedruckten auf die Ablösung des Buches durch Digitalia. Das ist eine falsche Annahme, die auf einer sehr äußerlichen Analyse beruht. Denn so sehr der Erfolg der Gutenbergschen Erfindung die *Distribution* von Geschriebenem erleichtert und befördert hat (Elisabeth Eisensteins »spread of learning«), so wenig ist doch von ihm die zentrale Gestalt abendländischer Wissensvermittlung angetastet worden: der Codex. Eine Revolution in der Verbreitung und Standardisierung eines Produktes ist eben noch lange keine Revolution des Produktes selbst, Milch bleibt hoffentlich Milch, selbst wenn sie pasteurisiert abgefüllt in die Läden kommt. Die Gutenbergsche Erfindung wäre niemals so erfolgreich gewesen, wenn sie die spezifische Gegenständlichkeit des Buches, seine gebundene Codexgestalt, angetastet hätte.

Die Erfindung des Codex – sie vollzog sich unscheinbar und fast unbemerkt – war in der Geschichte der Präsentation und dann auch der Wahrnehmung von ›Inhalt‹ bei weitem folgenreicher als die Gutenbergsche. Die noch die Spätantike dominierende Technik der Aufzeichnung auf Rollen, volumina, hatte gegenüber der Verschriftlichung im Codex gravierende Nachteile, die deutlich hervortraten, als heilige oder juristische (die »Digesten« Iustinians) Texte größeren Umfangs, versammelt in *einer* ›Bibel‹, fixiert werden sollten: Man brauchte zwei Hände, um von einer Stelle zur anderen zu kommen (das erschwerte das Notizenmachen); der Text war gleichsam ohne äußere Grenze, man mußte ihn immer zugleich ab- und aufrollen; ein schnelles Vor und Zurück zu einer Stelle war ausgeschlossen; für längere Texte waren notwendig mehrere Rollen zur produzieren – für ein linear sich entfaltendes liturgisches Buch aus Büchern, wie die ›Bibel‹ es ist, ein großer Nachteil. Isidor von Sevilla hat um 630 herum, also bereits nachdem sich in den Klöstern des vierten und fünften Jahrhunderts der Codex als materialisierte Form des Wissens durchgesetzt hatte, diesen entscheidenden Vorzug in seinen »Etymologiae« (VI 13) auf den Punkt gebracht: »codex multorum librorum est, liber unius voluminis«.

Zu diesen Vorteilen der Handhabung kam ein weiterer. Schon die gleichförmig vervielfältigende Schriftkultur der Scriptorien sorgte durch Normierung von Zeilen- und Seitenwechseln dafür, daß durch den Codex so etwas wie ›Textkonstanz‹ und damit die Stabilität einer Referenz eintrat. Als Teil eines dreidimensionalen Quaders war das Blatt im Verbund der Lage selbst leicht zu identifizieren. Die Heftung erlaubte erstmals eine Beschriftung von Vorder- und Rückseite und hierdurch für die aufgeschlagene Doppelseite die Entwicklung eines konsistenten layouts bei Verwendung eines dem Gegenstand adäquaten Formats. Rollen waren dagegen aus naheliegenden Gründen – mit wenigen prominenten Ausnahmen (etwa Apk 5,1) – einseitig beschrieben. Als Ensemble waren die Vorzüge des Codex revolutionär: Die untilgbare Imprägnierung des Blattes mit Tinte (später mit Farbe) verlieh der Schrift in diesem stabilen Zusammenhang einen, genauer: *ihren* unverrückbaren Ort. Das einzige, was die Gutenbergsche Erfindung zu dieser perfekten Lesemaschine selbst hinzufügte, war die weitere Standardisierung der äußeren Parameter.

Für das Wissenschaftssystem der Neuzeit, aber auch für die Literatur überhaupt, war damit ein präzises Instrument des Studiums, intensiver Lektüre, geschaffen. Daß Festplattenpartitionen bei ihrem englischen Namen »volumes« gerufen werden, gibt Anlaß zur Sorge, daß bei der völligen Diffusion von Schrift im Digitalen hinter die strukturbildenden Vorzüge des Codex wieder zurückgefallen wird. Rolle rückwärts: Ortlose Schrift.

Was nun, wenn das Buch in Wahrheit gar kein ›Medium‹ wäre, sondern ein sehr spezieller Gegenstand, der sich und den, der von ihm Gebrauch macht, von seiner Umwelt abgrenzt und auf sich selbst sammelt? Nach einer berühmten Bemerkung des Schriftkünstlers Eric Gill sind Buchstaben selbst Dinge, nicht nur Zeichen für sie (»Letters are things, not pictures of things«); eben so ist das Buch zunächst ›printed matter‹, ge- und bedruckte Materie. Es ist ein, sagen wir es ruhig: *magischer* Quader innerer Sammlung und nicht einfach ein gleichgültiger, vorübergehender Intermediär eines Transfers.

Dem entspricht die ursprüngliche Bedeutung von ›pagina‹. In jenem Passus seines »Römischen Privatrechts«, in dem Theodor Mommsen auf die Flurbezirke zu sprechen kommt, notiert er wie nebenbei: »pagus, dem Wortsinne nach eben wie pagina, der geschlossene Raum«. Und die dazugehörige Fußnote hebt hervor, daß das lateinische Wort ›pagina‹ mit ›pangere‹, ›pagus‹ und ›pax‹ zusammengehört und sowohl bei der Ackerflur als auch bei der Kolumneneinrichtung der Papyrusrolle die »erforderliche Festsetzung der Grenzlinie« meint. Beim Übergang zum gebundenen Buch wird dieser Charakter dann durch fortlaufende Numerierung noch einmal unterstrichen.

In der Ausbildung dieser grenzsetzenden, befriedenden (›pax‹) Linie tritt der eigentümliche Charakter des Buches leuchtend hervor. Ganz anders als eine nicht eingehegte website mit ihren an die Funktionsweise von Adventskalendern gemahnenden hyperlinks, die fortwährend locken, die Grenze der gerade ›besuchten‹ Seite zu überschreiten und ganz woanders hinzugehen, *seine Aufmerksamkeit zu zerstreuen,* erheischt die Seite des Buches kontinuierliches Bei-der-Sache-Bleiben. Mommsens »Römisches Privatrecht«, eines der markantesten Denkmäler westlicher Gelehrsamkeit, ist selbst ein herausragendes Beispiel dieser Intention. Indem die umfangreichen, den Haupttext oft an Zeichenzahl übertreffenden Fußnoten allesamt der Grenzziehung der Seite unterworfen sind (sie sind *richtige* Fußnoten, Orte auch zum Verweilen), ist die zentrale am Buch wahrzunehmende Bewegung, die Kräftefelder von Gedanken einzubeziehen, zu integrieren und gerade nicht ihrer Diffusion zuzuarbeiten. Es ist welthaltig und zugleich *offen,* indem es dem Gedanken erlaubt, *sich zu finden,* in der gesetzten Grenze jeder Seite konkret zu werden. Das genaue Gegenteil der Gedankenflüchtigkeit, die nolens volens noch in jedem hyperlink mitprogrammiert ist.

Es spricht – nach all dem – Bände, daß nach einigen Jahrhunderten Geschichte des Codex bislang noch niemand auf die Idee gekommen ist, das Lesen einer Buchseite mit der Metapher des ›Besuchs‹ zu verknüpfen. Erst das ›Netz‹ hat dieses sich in seine strukturelle Äußerlichkeit trefflich einpassende Bild hoffähig gemacht: Visit our website. Wer besucht, ist im Besuchten niemals zuhause. Ortlos. Wie die Schrift auf dem Schirm.

η

An der Westseite der von Joseph Durm über und über mit Buch- und Verlagssymbolen ausgestatteten Heidelberger Universitätsbibliothek steht in großen Versalien – ganz oben unterhalb des Firstes, für menschliche Augen fast nicht mehr gemacht (schon gar nicht heute, wo die Einfahrt einer Tiefgarage daran hindert, einen Standpunkt zu finden, von dem aus man die Goldschrift lesen kann) – »INTER FOLIA FRUCTUS.« *Ich frage mich, was man mit dieser* inscriptio *anfängt, wenn erst einmal die Pläne der Bibliotheksleute in Erfüllung gehen und sie nur noch ausdehnungslose Dateien (›Medien‹) verwalten, weil Bücher Mühe machen und angeblich so veraltet sind. Übertünchen? Oder doch gleich den Bibliotheksquader abreißen?*

Die dreidimensionale reife Frucht, Geist, im Zwischenraum materiell anfaßbarer Blätter: Codex *im Licht des dritten Verses aus dem ersten Psalm. Greifen bewachen die Devise, Greifen und Löwen.*

17

Quaderni storici – Das Tetragon (der Begriff meint alles, was vier Ecken hat) ist, vermittelt durch den in Platons »Protagoras« (339a-c) fragmentarisch überlieferten Gesang des Simonides von Keos, ein Bild in sich ruhender Selbständigkeit und individueller Vollendung. Der Vergleich war bei Simonides freilich nicht auf einen Gegenstand, sondern befremdlicherweise auf den Menschen selbst bezogen: »Schwer ist es, wahrhaft ein guter Mann zu werden, / An den Armen und den Beinen und an Einsicht / viereckig, ohne Tadel fertig hergestellt« (*τε καὶ ποσὶ καὶ νόῳ τετράγωνον ἄνευ φόγου τετυγμένον*, Fragment 19 nach der Zählung der Tusculum-Ausgabe von Oskar Werner).

Über Platon, Aristoteles und Thomas von Aquin vermittelt, fand die zugrundeliegende Vorstellung kompakter Konzentration zuletzt auch Eingang in Dantes »Divina Commedia«. Der siebzehnte Gesang des »Paradiso« projiziert – in einer charakteristischen Verschränkung der Zeiten – als Prophezeiung Cacciaguidas in die Zukunft, was chronologisch die Voraussetzung des gesamten Danteschen Textes war (die Verbannung, das Exil). Der ›vergangene‹ Dante verlangt, von seinem zukünftigen Leben (»di mia vita futura«) zu erfahren, er ist bereit, die »parole gravi«, jene schwerwiegenden Worte, die ihm sein Schicksal enthüllen werden, zu hören. Er versteht ihre katastrophische Bedeutung – »avvegna ch'io mi senta / ben *tetragono* ai colpi di ventura«

(»wenn ich mich auch fühle / gut gewappnet gegenüber den Schicksalsschlägen«). Hier bezeichnet »tetragono« – eine der wenigen Stellen in der »Divina Commedia« übrigens, in denen Dante ein griechisches Wort verwendet – nicht nur die Gestalt der inneren Sammlung. Das Adjektiv charakterisiert zugleich die Standfestigkeit gegenüber den Zeitläuften: Unbeugsamkeit. Was er, er selbst, Dante, ist, geht mit der Gestalt, in der er sein Gedicht uns übermittelt hat, dem Codex, eine unauflösliche Verbindung ein.

Dieses sperrige Viereck des Tetragons ist nicht das flache eines zweidimensionalen ›Schirms‹. Es ist jener dreidimensionale tetragonale Körper des Buchs, dessen materielle Gegenständlichkeit das wirklich und leibhaftig von Menschen Geschriebene vor der Auflösung in die Verrechnung universaler Statistik schützt: eigentlicher Inhalt.

Vier

1

Ein Bild – Das lesende, ins Buch vertiefte Kind. Dessen konzentrierte Lektüre nur unterbrochen wird vom Mittagessen, dem Gang nach draußen, in den Park, wo es genau auf der Grenze zu den Feldern, unter einem Baum, weiterliest, dann dem Abendessen und schließlich der Müdigkeit, die in den Schlaf einmündet. Ihm und seinen Erfahrungen hat Proust den Text »Sur la lecture« gewidmet, der zuerst 1905 in »La Renaissance Latine«, dann als Vorwort zu seiner Übersetzung von John Ruskins »Sesame and Lilies« (»Sésame et les Lys«, 1906) erschien. Die Schreibweise der »Recherche« ist hier überall schon spürbar, Proust schwimmt sich frei. Ein sehr persönlicher und kühner Text, bedenkt man, daß er eine Übersetzung einleitete.

Eine wirkende, kraftvolle Utopie, nur scheinbar rückwärtsgewandt: »Es gibt vielleicht keine Tage unserer Kindheit, die wir so voll erlebt haben wie jene, die wir glaubten verstreichen zu lassen, ohne sie zu erleben, jene nämlich, die wir mit einem Lieblingsbuch verbracht haben. Alles, was sie, wie es schien, für die andern erfüllte und was wir wie eine vulgäre Unterbrechung eines göttlichen Vergnügens beiseite schoben: das Spiel, zu dem uns ein Freund bei der interessantesten Stelle abholen wollte; die störende Biene oder der lästige Sonnenstrahl, die uns zwangen, den Blick von der Seite zu heben oder den Platz zu wechseln; die für die Nachmittagsmahlzeit mitgegebenen Vorräte, die wir unberührt neben uns auf der Bank liegen ließen, während über unserm Haupt die Sonne am blauen Himmel unaufhaltsam schwächer wurde; das Abendessen, zu dem wir zurück ins Haus mußten und während dessen wir nur daran dachten, sogleich danach in unser Zimmer hinaufzugehen, um das unterbrochene Kapitel zu beenden, all das, worin unser Lesen uns nur Belästigung hätte sehen lassen müssen, grub im Gegenteil eine so sanfte Erinnerung in uns ein (die nach unserm heutigen Urteil um so vieles kostbarer ist als das, was wir damals mit Hingabe lasen), daß, wenn wir heute manchmal in diesen Büchern von einst blättern, sie nur noch wie die einzigen aufbewahrten Kalender der entflohenen Tage sind, und es mit der Hoffnung geschieht, auf ihren Seiten die nicht mehr existierenden Wohnstätten und Teiche sich widerspiegeln zu sehen.«

Diese Möglichkeit der hier in Prousts Sprache aufgehobenen Erfahrung eines intimen, in sich selbst wohnenden Lesens offenzuhalten, ist keine Aufgabe unter anderen. Sie ist im Kern politisch, macht man mit dem Gedanken einer Ökologie auch jenseits der üblichen Einengung auf ›Natur‹ ernst. Wie es bei jeder Art gilt, sich um ihren Erhalt zu kümmern (und vielleicht nicht einfach nur, ›weil wir sie noch *brauchen* könnten‹), so auch bei der Möglichkeit bestimmter tragender Grunderfahrungen. Die innige Erfahrung des einsamen Lesens, wie sie Prousts Text schildert, gehört, unersetzbar, zu deren Bereich. Sich um sie zu kümmern (im Wortsinn), ist die Aufgabe einer Ökologie des Buches.

2

Geschenke – Die 39 Bände der von Edward Tyas Cook und Alexander Wedderburn herausgegebenen Ausgabe der Werke John Ruskins – eines der großartigsten Monumente von Philologie und Buchkunst – erschienen zwischen 1903 und 1912 parallel in London und New York. Die Bücher hatten einen Umfang von 650 bis 850 Seiten. Das reflektiert umweltfreundliche, bis heute makellose Papier, »UNBLEACHED ARNOLD«, das auf ein Seitenverhältnis von 2 zu 3 (16 × 24 cm) beschnitten war, hatte man nur für diese Ausgabe herstellen lassen. Schon 1902 hatte ein Rezensent des Wochenmagazins »Black and White« bemerkt: »When the millions of contemporary books have crumbled into dust like the shoddy they are, the noble pages of the complete Ruskin will remain a monument to the craft of book-making.«

Das Papier war mit einem eigens angefertigten Wasserzeichen versehen, dessen Motiv auf dem Wappen mit sechs Speerspitzen und drei Dolchen in einem Sparren beruhte, das Ruskin früh für sich ›erfunden‹ hatte. Seine kreisförmige Rahmung nahm in dreifacher Wiederholung eine Eigentümlichkeit der Ruskinschen Orthographie auf: Ruskin schrieb immer »to-day«, um so den ursprünglich zielgerichteten Sinn dieses Wortes zu betonen. Für ihn war es nicht einfach nur eine neutrale Zeitangabe. Mit Bezug auf den siebten Vers des 95. Psalms und Joh 9,4 (»work while you have light«) zeigte es zugleich eine konkrete Adressierung an: die Ausrichtung auf den jeweils heutigen Tag, d.h. den Tag, *an dem es gilt.*

Beobachten, Sammeln, Reisen, Schreiben, Publizieren *als rettende und initiierende Intervention:* das Grundmotiv Ruskins. Als die Österreicher nach der Niederschlagung der venezianischen Revolte und der Kapitulation der Republik am 22. August 1849 überall Kanonen installierten, die das Zentrum Venedigs mit Markusplatz, Piazza und Dogenpalast anvisierten und damit, wie Wolfgang Kemp in seiner Ruskin-Biographie bemerkt, Venedig selbst in Geiselhaft nahmen, reiste Ruskin – getrieben vom Bewußtsein der Gefahr eines unwiederbringlichen Verlusts – im September 1849 kurzerhand nach Venedig.

Er und seine Frau Effie waren für ein paar Monate die einzigen Fremden, die den Mut hatten, die Lagunenstadt aufzusuchen. Mit Hilfe von Zeichnungen, Daguerreotypien und durch genaue Vermessung wollte er alles, was an alter baulicher Substanz festgehalten werden konnte, sichern, bevor es in Staub und Trümmer zerfiel: »stone by stone, to eat it all up into my mind, touch by touch.«

Ruskin, der tagein, tagaus auf Gerüsten herumturnte, rücklings auf dem kalten Boden der Kirchen Zeichnungen ihrer Decken anfertigte, wurde zu einer stadtbekannten Gestalt. Die Venezianer wußten nicht, ob sie es – wie seine Frau schrieb – mit einem Verrückten oder mit einem großen Weisen zu tun hatten. Nach 15 Monaten rastlosen Vermessens und Beschreibens lag eine unendliche Fülle von Material vor, das bis heute noch nicht vollständig ausgewertet worden ist und von dem nur ein geringer Teil in Ruskins vielleicht berühmtestes Werk, die dreibändigen »Stones of Venice«, eingegangen ist.

Ökologie war für Ruskin – lange bevor das Wort in politische Konjunktur kam – nicht auf den Naturbereich beschränkt. Aus seiner Feder stammen nicht nur die ersten und in ihrer Klarheit unübertroffenen Warnungen vor der Zerstörung der Alpen durch den Tourismus, man findet ihn auch buchstäblich kämpfend mit Bauarbeitern in Pisa, als dort die am Arno gelegene Kirche Santa Maria della Spina wegen einer Erweiterung der Kaimauern abgerissen werden sollte. Auf ihn (und seinen Einfluß auf die englische Presse) geht auch die Rettung der Luzerner Kappellbrücke zurück, die älteste erhaltene Holzbrücke der Welt. Die Luzerner wollten sie abreißen, um dem vermeintlichen Wunsch reicher Touristen nach unverbauten Hotelpanoramen nachzukommen (das ist mit dem Brand von 1993 aus dem kollektiven Gedächtnis Luzerns gelöscht, hingegen erinnert man sich gerne an den raschen Wiederaufbau der Brücke).

Die Liste an Interventionen ist lang. Eine aber sei doch noch ausdrücklich erwähnt: Ruskins Partizipation an einer Kollekte für die Einrichtung einer öffentlichen Bibliothek ausgerechnet in Rusholme, einem Vorort von Manchester, der Hauptstadt des hohen Industriekapitalismus alter Prägung. Sie führte zu jenem am 6. Dezember 1864 gehaltenen Vortrag, der als erster Teil von »Sesame and the Lilies« publiziert wurde und den Titel »King's Treasuries«, die »Schatzkammern des Königs«, trug. Gemeint waren nicht, wie man vielleicht meinen könnte, Tresore für Diamanten, Gold und Geld, sondern die Bibliotheken des Vereinigten Königreichs.

Der Text, den Ruskin in Manchester vortrug, war dem Lesen, handwerklich gut hergestellten, preiswerten (nicht billigen!) Büchern und der Einrichtung öffentlicher Bibliotheken gewidmet (»I want to speak to you about the treasures hidden in books«). Ruskin wußte von vorneherein, daß er von der britischen Öffentlichkeit nicht gleich verstanden werden würde – »so incapable of thought has it become in its insanity of avarice«. Trotzdem wurde »Sesame and Lilies« einer seiner größten Publikumserfolge. Wie Cook im Vorwort seiner Edition mitteilte, waren bis 1905 insgesamt 160.000 Exemplare verkauft worden.

Nicht nur der Hinweis auf den Zusammenhang von Denkschwäche und Gier (avaritia), auch Ruskins durchgängiges Eintreten für den Vorrang von Qualität vor Masse sticht bis heute. Die Vorstellung, unzulänglich lektorierte, in typographisch und buchherstellerisch kompromittierter Form ›Texte‹ unter's Volk zu bringen, hätte ihn angewidert. Liest man seine 1864 formulierten Ausführungen im Vergleich mit dem, was heute von Bibliotheksfunktionären über Aufgabe und Bedeutung ihrer Institution gesagt wird, zeigt sich ein erschreckender Niveauunterschied. Der gesamte kulturelle Kontext von Bibliotheken – ihre Verantwortung für den Publikationssektor insgesamt, auch die gegenüber Autoren und Verlagen – ist aus ihrem Bewußtsein gelöscht. Bei Ruskin stand er dagegen im Mittelpunkt. Und Ruskin hatte auch eine ausgeprägte Abneigung gegenüber jeder Art von Sozialtechnokratie (die mit ›Kultur‹ niemals zusammengehen kann). Er war kein ›Problemlöser‹.

Es war die Übersetzung dieses Vortrags, die Proust zur Niederschrift von »Sur la lecture« veranlaßte. Man kann annehmen, daß er dabei bereits die staunenswürdige Ausgabe Cooks und Wedderburns benutzte. Deren bereits erschienene Bände hatte Proust von seiner Mutter als Neujahrsgeschenk zur Jahreswende von 1904 auf 1905 geschenkt bekommen. Der achtzehnte Band mit »Sesame and Lilies«, »Ethics of the Dust« und »The Crown of Wild Olive« trug die Jahreszahl 1905 auf dem Titelblatt.

Das war drei Jahre bevor der »Hochschule in Heidelberg von Nathan Straus in Heidelberg« die »Library Edition« der »Complete Works of John Ruskin« geschenkt wurde. So lese ich es auf dem als Exlibris gestalteten Zettel, der auf dem Spiegel (dem mit dem Vorsatzpapier beklebten Teil des vorderen Buchdeckels) eines jeden Bandes dieser Ausgabe in der hiesigen Universitätsbibliothek eingeklebt ist. Hinter dieser Gabe steckt eine Geschichte, ich versuche, sie zu erzählen.

Nathan Straus, 1848, in Otterberg in der Pfalz geboren, war mit seinen Eltern 1854 in die USA, nach Georgia, ausgewandert, wo der Vater im Einzelhandel rasch zu Wohlstand kam. Der Emigrationsgrund war, wie bei vielen, die damals auswanderten, die tiefe politische Enttäuschung über die antidemokratischen Auswirkungen der niedergeschlagenen deutschen Revolution von 1848/49. Nach dem Ende des amerikanischen Bürgerkriegs und dem Ruin des Warenhauses, das stark von dem Baumwollhandel des Südens abhängig gewesen war, zog die Familie 1865 nach New York City. Der Vater gründete eine Firma, die sich auf den Glas- und Töpferwarenhandel spezialisierte. Es folgte ein steiler finanzieller Aufstieg der Familie, der Nathan Straus schließlich auch den Einstieg in die Geschäftsführung des berühmten New Yorker Warenhauses Macy's ermöglichte. Er genoß in der Stadt bald so hohes Ansehen, daß er 1894 von der Demokratischen Partei als Bürgermeisterkandidat vorgeschlagen wurde – eine Nominierung, die er ablehnte. In den extrem harten Wintern von 1892/93 und 1894/95 hatte er sich durch die Organisation der Verteilung von günstiger Kohle und Essen für die Armen einen Ruf als uneigennütziger Philanthrop erworben.

Zugleich revolutionierte er das Gesundheitswesen. Früh war er zu der Überzeugung gekommen, daß die hohe Tuberkulosesterblichkeit von Säuglingen und Erwachsenen durch konsequente Wärmebehandlung der Milch verringert werden konnte. 1894 hatte er in New

York auf eigene Kosten ein großes Laboratorium eingerichtet, das pasteurisierte Milch für Kleinkinder herstellte und zum Selbstkostenpreis abgab. 1897, als Straus das Gesundheitsamt der Stadt leitete, entstand auf Randall's Island eine große Fabrik, in der Milch durch Hitze keimfrei gemacht wurde. Der Erfolg zeigte sich schnell im drastischen Rückgang der Todesfälle durch Tuberkulose.

Straus, der 1875 auf einer Reise nach Mannheim seine spätere Frau kennengelernt hatte, ließ den Kontakt zu seiner Heimat nie abreißen. 1907 hielt er, der nun häufig zwischen New York, Palästina und Deutschland pendelte, an der Universität Heidelberg einen Vortrag über die ökonomische und soziale Notwendigkeit des Pasteurisierens. Er beschloß, wie die New York Times am 5. September 1908 nach seiner Rückkehr in die USA resümierend berichtete, in Heidelberg auch das organisatorische ›Hauptquartier‹ für seine Kampagne einzurichten. Zugleich finanzierte er, in Anbindung an den universitären Kontext, auch das erste Pasteurisierungslabor am Ort, bald danach eine größere Einrichtung im benachbarten Sandhausen, das durch eine hohe Tuberkulosesterberate aufgefallen war, schließlich eine weitere in Karlsruhe.

Der Großherzog und die Großherzogin von Baden empfingen ihn in Gegenwart der Königin von Schweden. Bei dieser Gelegenheit zeichnete ihn der Großherzog mit einem Orden und – eine große persönliche Geste – der Überreichung eines Ölgemäldes aus, das seinen Amtsvorgänger zeigte. Ganz offensichtlich gehört in diesen ganzen Zusammenhang das Geschenk der Ruskin-Ausgabe an die Universität Heidelberg. Ein Geschenk als Dank.

Von heute aus betrachtet ist die Existenz der »Complete Works« Ruskins mit diesem Schenkungsvermerk in der Heidelberger Universitätsbibliothek wie »Luft von anderem Planeten«, Zeuge einer geistigen Konstellation, in der deutsche, jüdische und amerikanische Geschichte, Naturwissenschaft, Kultur und Bildung, soziale Verantwortung (ich getraue mich fast nicht, dieses Wort in den Mund zu nehmen), für einmal einstehen. Hier wurden nicht 39 neue ›Medien‹ bei einem ›Serviceunternehmen‹ untergestellt, es wurde mit genauem Bewußtsein für die Bedeutung des übergebenen Gegenstandes und zugleich der Institution, des Hauses (*οἶκος*), in repräsentativer Gestalt materialisierter Geist *geschenkt*.

Daß es die »Sämtlichen Werke« Ruskins waren (und nicht, was an sich naheliegender gewesen wäre, Werke Emersons oder Thoreaus), die der emigrierte amerikanische Jude Nathan Straus 1908 der Heidelberger studierenden Jugend schenkte, hängt nicht mit dem finanziellen und ästhetischen Wert dieser Ausgabe zusammen. Man kann ein solches Geschenk auch als Auftrag begreifen. Ruskin war nicht nur eine der gebildetsten Gestalten des 19. Jahrhunderts, er war auch eine der weitblickendsten und (in jedem Sinn) tatkräftigsten. Die Gabe war als Samenkorn (eigentliches *Se-*

minar) gedacht. Nur die Geschichtsblindheit der ›Ökologiebewegungen‹ des zwanzigsten Jahrhunderts hat verhindert, in Ruskin einen, vielleicht ihren wichtigsten Gründungsvater zu sehen. Ökologie auf Naturschutz zu begrenzen – als wäre nicht, was wir ›Natur‹ nennen, selbst schon vollständig durch ›Kultur‹ bestimmt –, wäre mit ihm freilich nicht zu machen gewesen – blanke »insanity«. Andere Zonen sind angesprochen, Zonen, in denen Bücher ihre konzentrierte menschliche und geistige Kraft geltend machen können.

Dank

Am Zustandekommen dieses Buches haben viele mitgewirkt, danken möchte ich aber namentlich besonders drei Personen: Kristian Wachinger (München), der mich immer wieder dazu angehalten hat, endlich meine Gedanken zum Ort des Buches niederzuschreiben, gegen die allgemeine Depression des Buchhandels und der Verlage, gegen den ungehemmten Einfluß von ›big money‹ und – dies das neueste Fahnenwort – ›big data‹ auf unsere Vorstellungswelt, unsere Wünsche. Zu danken habe ich auch Georg Siebeck (Tübingen), der das Manuskript dieses Buches schon früh zu Gesicht bekam und dessen mehrmalige aufmerksame Lektüre mich vor beträchtlichen Fehlern bewahrt hat (die Fehler, die der Band jetzt noch aufweist, muß ich auf meine Kappe nehmen). Und schließlich KD Wolff (Frankfurt), dessen Bereitschaft und Mut, den Band kurzfristig zu publizieren, ich nicht genug rühmen kann. Gäbe es noch etwas mehr von diesem Mut – es sähe deutlich besser aus um uns herum.

24
60-62
65-66

3

Coda – Der alte Spruch, daß *Bücher* ihre Schicksale haben, ist zu häufig auf das Schicksal der *Texte* gedeutet worden. Aber das Schicksal der Bücher ist durchaus von dem der Texte unterschieden, ja man kann sich fragen, ob Texte ohne materiale Realisation, ohne konkreten Ort, überhaupt (noch) so etwas wie ein Schicksal und mit ihm eine Bedeutung (im Vollsinn dieses Wortes) haben können. Das ist keine konservative Fragestellung, im Gegenteil. Sie öffnet Gesellschaft hin auf Geist. An ihr wird sich entscheiden, welche Zukunft Kultur hat. Ohne das tetragone, widerständige Buch als Ort der Reflexion wird es keine geben.

»Effie says, with some justice – that I am a great conservative in France, because there everybody is radical – and a great radical in Austria, because there everybody is conservative. I suppose that one reason why I am so fond of fish – (as creatures, I mean, not as eating) is that they always swim with their head against the stream. I find it for me, the healthiest position.« (Ruskin an seinen Vater, Venedig, 16. November 1851)